実践語録

創造的サラリーマン

気分を変えよう　疲れたときは寝るのが一番

長谷川　治雄

はじめに

本書は働く皆さんへの応援メッセージです。仕事を前向きにとらえ、楽しく働きながら、サラリーマンのプロを目指し、自己成長していくための秘訣をまとめたものです。

サラリーマン人生は長い。

長い間にはさまざまな問題にぶち当たります。ストレスを感じ、嫌になることもあります。でも嫌でも働かなくてはなりません。

それなら、どうせ働くなら楽しく働かないと損である。この考えが出発点となり、物事を否定的にとらえるのではなく、まずは受入れ、前向きに楽しく働こうと、そして、いつも創造的に、クリエイティブな仕事を目指そうと心がけてきました。時には、ブックサ文句を言うこともありますが、基本的な姿勢は明るく前向きにです。

そのサラリーマン生活の過程において、心がけてきた考えや行動指針を実践語録として書き留めてきました。そして繰り返し読み返しながら、自ら実践に努めてきました。その結果、大きな苦労もすることなく自己成長を図り、楽しく仕事をすることができました。私のサラリーマン人生にとって、非常に良かったと思っています。

特に資格も学歴もなく優れた能力もない私が、ちょっとした心がけの積み上げで、上場企業である中堅化学会社の役員にまでなれたのも、実践語録の成果だと思います。また、周囲の皆さんから「長谷川さんと話すと元気が出る、やる気が出る、勇気がわく」と言われますが、それも知的財産という創造的な仕事に従事してきたこともありますが、実践語録の中にある前向きな考え方の顕れではないかと思います。

そこで、この実践語録を皆さんに紹介しようと本書にまとめました。私が長年、実践してきて良かったことを皆さんに読んでいただき、「なるほど」と少しでも共感できるところは実践していただきたいと思います。

特に若手や中堅のサラリーマンの皆さんに読んでもらい、少しでも前向な気持ちとなり、また自己成長の助けになれば幸いです。皆さんがクリエイティブな「創造的サラリーマン」に変身されることを期待します。

また、本書は個々人の自己啓発としての利用だけでなく、職場、組織全体を活性化し「創造的集団」を創り上げるための研修資料としても適していると思いますので、社内研修会等のテキストにも利用していただければと思います。

なお、当然のことながら本書は学術的なものではなく体系的に整理されたものでもありません。どこから読んでも構いません。目に留まった項目、気に入った項目から読んでもらえれば結構です。しかし順不同ですが、どの項目も働く上での実践的な取り組み姿勢と考え方について書かれています。

本書は短編ですが、働く秘訣が詰まっています。一回読んで終わりとするのではなく、手元に置き、繰り返し読み自分自身の言葉として浸透を図って下さい。皆様の奮闘をお祈りします。

第1章　働く姿勢

Contents
目次

第2章　創造力と提案力

第３章　プロ意識

第4章 物事の考え方

第5章 働く心がけ

Contents
目次

Contents
目次

第7章 リーダー心得

第1章

働く姿勢

1

働き方　生き方
常に前向き
笑顔と
健康が一番

人間だから嫌になることもある。落ち込むこともある。現代社会ではストレスも多い。このようなときは頭にきても早く忘れることである。

ところが、忘れよう忘れようと思うと余計に嫌なことがよみがえってくる。

そんなときは寝るのがよい。しかし、早く寝よう寝ようと思うと逆に眠れなくなる場合もある。人間とは困ったものである。

でもである。

分かっていることだが、それでも気にしない、ドンマイドンマイ早く忘れることである。過ぎ去ったことを悩んでいてもどうにもならない。過去のことは気にせず、常に物事を前向きにとらえる。自分にとって都合のよい解釈をして進むことが大事。心配し過ぎても悪く考えても事態は変わらない。仕方ないのである。

楽観的とはいかなくても前を見て進む。先のことだけ考え明るく前進。このとき笑顔が一番である。苦笑いでも笑ってみる。笑顔は自分自身を勇気づけ、心を前向きにする才能がある。

その笑顔のベースは健康だ。体調不良では笑顔も出ない。あなたの元気、勇気、自信はどこからと聞かれるが、それは常に明るく前向きが信条だから。また、いつも体調維持に注意しているから。

特に身体を鍛えるようなスポーツはやっていないが、無理をし過ぎないのと睡眠だけは注意している。歳相応の体力低下は仕方ないが気持ちはいつも前向き。

心の若さは自分で決められる。どの年代でも人生は笑顔と健康が一番である。

2

同じ働くなら楽しく働く 嫌々働いても 働かなくてはいけないのならば

人間、何のために働くのか、人それぞれ色々な考え方がある。別に哲学的に考える必要はなく、単純には生活のため給料を稼ぐのが基本である。仕事は辛くて大変なものだから一か月苦労して働き終えると「ご苦労様」と給料が貰えるわけである。それはその通りなのだが、文句を言いながらの我慢生活は避けたい。

同じ働くなら嫌々ではなく楽しく働きたいもの。だが、そう願っても現実は大変なことや嫌なこと、ストレスのたまることも多い。これらは仕事の内容や職場環境などに起因するので自分ではどうにもならない。仕事が嫌になったり、会社を休みたい日もある。文句やボヤキを言いたいこともある。一時のストレス解消のために文句やボヤキも必要である。しかし、文句を言いながらも結局は働かなくてはいけないのである。

同じ働くなら楽しく働いた方が得である。嫌なものを好きになれというのは大変なことだが、働く際の気持ちの持ち方で結構、変わるものである。

それは仕事に対する興味を持つこと。

何事にも興味をもって対応すれば、気持ちが否定から入ることなく肯定から入るようになる。疑問を感じること、変だと感じることも文句からではなく、なぜだろうと思うようになる。そう思うことによりストレスは格段に低下する。大体、同じ仕事をしても気持ちで疲れ方が大きく違う。

目と頭を集中するゲームである麻雀は体力を消耗するが、ゲームに勝っての帰り道は疲労感は少ない。同じ作業によってエネルギーを費やしても気分の問題で疲れ方が違うのである。

だから同じ働くなら楽しく働かないと損だ。要は気持ち次第でかなり変わるものである。

3

今が一番幸せ 二十代も良かった 三十代、四十代、五十代も そのときが常に最高

昔は良かった、若い頃は良かったと過去を懐かしむ人が多い。それは結構なことだが、その反面、最近は、今は、と疑問符が続く人が多い。

私は常に今が一番と思って生きてきた。

過去を懐かしみ想い出を語ることは悪くはないが、私は過ぎた日の話だけしているのは好きではない。だから、同窓会は付き合いで参加するものの昔話だけの

会はあまり好きではない。過去の話とともに現在、将来を語り合いたい。いつも先を見ながら考えながら時代を送ってきた。今も変わらない。

サラリーマン四十年、色々な経験をしてきた。

大変で苦しい時代もあったし、逃げ出したくなる時もあった。しかし、その時代その時代に感じてきたことは、今が一番幸せと思う気持ち。いつも仕事のやりがい、満足感を感じてきた。

これはそのときそのときで全力投球、知恵と工夫をこらしながら自分としての満足感を求めてきたからだと思う。私は一般的に単純労働と呼ばれる仕事も、結構楽しくやってきた。また意外に好きな面もある。

例えば、職場の掃除や庭の草取りをするにしても、どういう順番でどのようにしたら効率的かなどを考え、皆がやっていない方法を少しでも取り入れようと考え実践する。これが結構楽しいのである。

一見、単純でつまらないような仕事でも自分なりの楽しみ方を自分で見つけてしまうのである。

4

四十代の自分は三十代が決める五十代の自分は四十代が決める

人間、一挙に歳を取ることはない。

誰しも若い時はあり、青春時代もある。その時代その時代を一生懸命に生きているためか忘れてしまうことがあるが、いろいろな経験を経てきた結果、今がある。決して突然に「おじさん」になったりはしない。一年一年歳を積み重ねていくのである。正に年輪である。年輪は中心部の密度が高いほど、堅くて立派な木になる。すなわち、若い時の年輪が将来の木の質を決定するわけだ。

人生は年輪と同様、自分の過去の生き方が将来の自分につながる。

現在三十代の人は、今の生き方が将来の四十代、五十代の自分を決定する。将来の自分は、常に今の自分の延長線上にある。このことは間違いない事実だ。

そのため、今の生き方、行動パターン、思考パターンが大事である。まずはこのことを深く自覚することが重要だ。

それにより将来の自分に対する備えが可能となり、将来の自分は変えられるのである。さまざまな体験や見聞を広めておくことは、将来の自分の肥やしとなる。

ただ、今を頑張っていると貴重な経験も忘れてしまうことがある。

そこで、私は自分なりの記録としてメモしておくことが望ましいと思う。

その意味で、この一年間及び五年間の自分十大ニュースの作成を勧める。例えば、毎年末に今年の年間十大ニュースを自分なりにまとめておくとよい。

別に他人に公表するわけではないので、自分なりの価値観、偏見があっても構わない。それにより経験が自分なりに鮮明となり、しっかりと意識づけされる。

この貴重な経験の先に将来の自分が待っている。素晴らしい四十代、五十代は自分が創り上げる。

5

自分の得意
サラリーマン戦略を考える
大きな声、朝一番の出勤、好感度、
学力や専門知識に
基づくものでなくてもよい

私は、サラリーマンとして働く際のサラリーマン戦略が必要だと思っている。

好むと好まざるにかかわらず、長期間働くことになるわけで、その目標とともに自分の長所、特技をどのように活かし、サラリーマンとしてどこで勝負するのか自覚しておくことが好ましい。自分の専門分野があって、それが仕事との関係で明確な場合には、当然、その専門分野を活かして勝負していくことになる。

例えば、大学において専門技術の勉強をして優秀な成績で入社した場合には、その学力、知識を活かして勝負しようと考えるのは自然である。

しかし、多くの人々にとっては、自分の長所、特技と仕事との関連が明確でない場合がほとんどではないだろうか。専門分野の知識レベル、一般的学力は人さまざまであって、特に優れていると胸を張って言えない場合も多い。そのような中で、少しは自分なりに得意だ、他人とはちょっと違うという点を見つけ、それを自分なりのサラリーマン戦略とすればよいと思う。

英語が好きであれば英語を活かすことを戦略とすればよいが、学問的に特に得意な分野がない人は、学力以外で勝負することを考えなくてはならない。私は大学で教えない部分の勝負が、会社、実社会では重要だと思う。

例えば、よく気がつく人、人なつっこく誰とでもすぐ親しくなる人、色んなアイデアが出てくる人、辛抱強い人等々。また、いつも朝一番に出勤する、大きな声で挨拶することもサラリーマン戦略になり得る。

そして、常に自分の戦略を意識し、これを活かす努力が必要であり、それが知らず知らずのうちに自分の存在価値を高める結果となるのである。

6

いつも好きだから　自分が中心
会社のため　他人のため
すべて自分のため

私は何事も「自分が好きだから行う」と思うようにしている。他人を助けてあげる際も他人のためとは思わず、自分がしてあげたいからと思う。また、他人にプレゼントをあげる際も、また、ボランティア活動も同様である。いつも他人のためではなく自分がしたいから、すなわち、自分のためにと思うようにしている。

他人のためと強く思うと見返りを求めるようになる。「私がこれだけやってあげてるのに」と代償を求めるようになり、これが叶わないと他人や周囲を責めるようになる。

気持ちは分からないでもないが、一生懸命にやっている当人と受け手の思いは一致しないことがしばしばである。従って、他人のためと思わない方が気が楽で、また、義務感や負担を感じないで済む。そして何より、自分の思いで自分中心に行動する気軽さと満足感がある。

この考え方は仕事にも共通すると考える。会社のためとか、他人のためとかと思って仕事をすると、やはり見返りを求めるようになる。これだけやっているのに評価が低いとか、上司は理解してくれないとか。

私は仕事は上からの指示、いわゆる業務命令だが、自分なりにそれを受け、自分が中心となる自分の仕事として行うようにしてきた。多少気に入らない仕事であっても、将来の自分に役立つと信じて自分のためにやってきた。

そのような思いでさまざまな雑用といえるような仕事もこなしてきたが、やはり自分の思った通りの結果となったと考えている。子育てに対する親の気持ち、犠牲ではない無償の愛は、いつか自分に跳ね返ってくるかも知れない。

まあ結果はどうかお楽しみとして、自分のためと思った方が何より仕事が楽しくなるのである。

7

仕事は楽しい
やりがいがある
仕事が趣味で何が悪い
ただ好きなことをするだけ

私は二十代後半、自分の仕事が好きになった。仕事をするのが楽しくて仕方がない。会社にいても退社しても仕事のことばかりを考えていた。若いから色々な遊びや誘惑があったが仕事は私にとって欠かせない遊び、趣味となった。

その時代、日本社会では企業戦士と呼ばれる猛烈社員が多く存在したが、彼らとは違い、会社のためとは思わず単に自分が好きで働いた。今なら長時間労働で問題視されるかも知れない。

昔から「好きこそ物の上手なれ」とのことわざがある。好きだから一生懸命やる、一生懸命やるから上手になる、上手になると興味が広がり、また一生懸命になる。この好循環が面白くて仕方がない。その頃から「趣味は仕事」と言うようになった。ところがある日、先輩から言われた。趣味を仕事にすると趣味でなくなる、本業の傍らするから趣味であると。器用で多趣味な人だから説得力があった。その通りと思った。それからしばらく趣味が仕事と公言するのを控えた。

しかし、やはり仕事は面白い。

この楽しい仕事を趣味と思うのがなぜ悪い、ただ好きなことをするだけではないかと考え、それ以来、仕事が趣味になっている。もちろん、単なる遊びとしての趣味ではなく、職業としてのプロ意識も持っているが、気持ちとしては趣味なのである。そう考えることにより、先の好循環がうまく働き、また、仕事のやらされ感が極めて小さくなり精神的、肉体的な疲労感は少ない。

担当する仕事を肯定的に受入れ、興味範囲を広げて自分の問題として対処することにより、どんな仕事も楽しくやりがいのあるものに変化するのである。

8

人生の歓びは自己実現
ああしたい、
こうしたいとの願望
思いはいつか実現する

私のサラリーマン人生における自己実現率は高い。

職場の仲間、部下等と「将来、こんなことがしたいね」「こうなったらいいね」などと話していたことは、何年か経つと、かなりの割合で実現している。人間にとって自己実現は最高の喜びである。

私はああしたい、こうしたいとの願望に向かってさまざまな工夫を継続する。それは皆がすることだが、私はあきらめないし、目標達成のため我慢もする。

「自分は昔から言っているのに周囲が駄目だから実現していない」「自分は昔から思っているのに部下がやらないからできていない」とのボヤキを聞くが、これは自己実現ができていない証拠だったり、指導力のない証拠である。

問題点、課題を感じ理想を追求することは大事である。いかにして対処したらよいか理論的に考え、あるべき方向を構築することは重要である。しかし、人間社会は理論的に正しいと分かっていても動かないことも多い。厄介な社会である。

特に、頭の良い人は理論的アプローチは得意だが、定着させるのが苦手な人が多い。「自分がこれだけ言っても分からないのは周囲や相手が悪いから」とあきらめてしまう。これでは自己実現しない。

あきらめることなく、あの手、この手、品を変え、タイミングを見計らって、時間をかけて繰り返し、実現するまで粘り強く継続しないと駄目である。

しかし、これも分かっていることだが現実的には難しい。

でも、いつかは実現させるとの思いで作戦を考え、実行しないことには自己実現はしない。

9

常に自分が主役
もし自分が社長だったら
部長、課長だったら
いつも考えながらの
提案型人生は面白い

この世界の主役は自分である。

仮に脇役その他大勢を演じていても自分が中心である。しかし、その置かれた環境の中で客観的主役を意識すると面白い。

例えば、平社員であっても、もしも自分が課長、部長、社長だとしたらどう考えるか、どうするかを考えるのである。本当に社長になれるかどうかなんて余計なことを考える必要もない。単に頭の体操、ゲーム感覚でよい。そうすれば義務感は全くないので忙しくても遊び感覚で楽しむことができる。

この習慣が身につくと世界が広がる。少なくとも気分だけは十分に主役である。このような習慣が自然にできるようになると物事を客観的に考えられるようになる。人間、一生懸命に考えていくと最終的には意外と同じような考えに到達することが多い。

私は若い時から生意気にも上司、先輩の立場に立って自分なりに考えた案を上司、先輩に売り込んできた。

若いうちは情報量が少なく、見えている景色も限定的なので的外れの提案もあったが、実践を積み上げているうちに成功確率は高まった。また、この習慣によって早くから管理職、経営者としての訓練ができたと思っている。もちろん、日常業務でも提案型人間が育成され仕事が前向きになる。

さらに、もし総理大臣だったら、米国大統領だったらと考えていくと政治や経済も頭の遊びの中で広がり、将来、ビジネスマンとして役立つに違いない。考えるのは勝手なことだ。

10

サラリーマン個人店主
上司も関係部署もお客様
売るものはアイデア
商品がよければ売れるもの

「サラリーマン個人店主」とはパナソニックの創業者である松下幸之助氏の言葉である。二十代前半、私は幸之助さんの本を読み「これだ」と感動し、それ以来ずっと「サラリーマン個人店主」を実践してきた。

我々サラリーマンは会社に雇用され、会社から給料をもらっている社員であって当然、自営業者ではない。しかし、幸之助さんは、会社の中で自分の個人商店を開設している気持ちで仕事をしなさいと言っている。すなわち、会社の中では上司、同僚、部下、そして関係部署のすべてがお客様であると思って仕事をするということ。

売り込む商品は「自分のアイデア」である。世間一般的には、せっかく、自分のアイデアを上司に提案しても簡単に理解が得られず、飲み屋で「分からないダメな上司でどうしようもない」とボヤいているサラリーマンが多い。だが幸之助さんは、本当に良いアイデアなら売込み方がうまければ売れるものだという。アイデアの説明を聞いた上司も、その時の忙しさや関心のズレで興味を示さないこともある。人間だからご機嫌の悪い時もある。また、こちらも相手にとって分かりやすい丁寧な説明をしていない場合もある。

そこで、自分が個人店主だったらどうするか。客の中には理解力の低い人や嫌な人、変な人もいるかも知れない。それでも手を変え品を変え、相手にとって丁寧な説明を繰り返さないと商品は売れない。時にはお世辞も言うし、相手のご機嫌、タイミングをみて何度も売り込むはずである。この店主の気持ちで、社内のお客様にアイデアを売り込むことが大切との教えだ。

私は長いサラリーマン生活の中で常に実践し、大きな成果を得たと実感している。

11

熱意は能力を上回る
自ら熱意アップの
工夫を

社会には個人零細企業から中小企業、中堅企業、大企業、さらに超大企業とさまざまな会社がある。働く人も一流大学から二流、三流大学の卒業者、高校、専門学校などの卒業者等いろいろで、いずれもほとんどの人がどこかの企業に就職し働いている。

一般的に大企業の方が一流大学の卒業者が多いが、どこの会社も激しい競争の中ではあるが経営を継続し存続している。もし、企業競争において学力が第一だとすれば、圧倒的に大企業が有利であって中小、零細企業の活躍余地はない。

ところが、大企業であってもそれぞれの事業分野には世間的にあまり知られていない専業の中小企業の存在が必ずといってよいほどある。

これは不思議な感じもするが、現実の事業においては学力だけの勝負ではないことを物語っている。確かに、高度な研究が必要な技術分野においては高い学力と優秀な頭脳が必要であるが、事業はそれだけでは決まらない。だからこそ、さまざまな企業が戦っていく余地がある。また、大企業においてもすべてが学力的に優秀な人材ばかりではない。

長年、大企業の中で大勢の社員を観察してきたが、あるレベル以上の社員を対象とした場合、一番重要なのは学力よりも熱意であると考える。学力的にはそこそこであっても熱意ある人材の方が勝ることが多い。どんなに高い学力を有し優秀であっても熱意が足りないと良い成果を得ることは難しい。従って、自己研鑽とともに、仕事に対する熱意をいかにして持つかを考えることが大事である。

管理する側から仕事のインセンティブを高める手法がよく検討されるが、逆に、働く側として自ら熱意を高めるためのマインドコントロールが重要であると思う。熱い熱意をどこからわき立たせるか。

12

正しいこと、信ずることは言い続けることが大切　正しいことはいつか実現する

自分の考えを持つこと、それを提案することは非常に大切。しかし、それを関係者に理解してもらわないと自己実現しない。そのために相手に分かりやすく丁寧に説明することが求められる。

ところが、自分の思うようには簡単に物事は進まない。皆一応自分の考えを説明するが、何回かの説明で理解が得られないとあきらめてしまう。なんで分からないのだと。こんなに自分が言っても分からないのは相手が悪いと。だが、ここであきらめていては自己実現はしない。相手だってその時の忙しさや体調、ご機

嫌で素直に受入れられない場合もある。

そこで、簡単にあきらめていては駄目だ。時を置いて、手を変え品を変え知恵を絞った繰り返しの努力が必要である。正しいことは言い続ければいつか実現すると信じ。この場合の相手は商品を売込むお客様だと考えるのがよい。そうすれば売込み方のアイデアも生まれる。

また仮に、その場で否定されたとしても、賢い相手は頭の片隅に残るもの。相手の脳に潜在的に残る。そうすると、いつかその問題に関して自分なりに考えている過程で無意識に気づく場合がある。

私の提案が相手の頭の中でよみがえるのである。しかし、それは他人から提案されたことを全く忘れ自らが自発的に思いついたとしか感じないことが多い。何の疑問もなしに。私が以前に教えたことを忘れているのはちょっと寂しいが、それはそれで快感である。

私はこの実体験をいくつも味わってきた。社内の改革、行政庁の方針などにも影響を及ぼしてきたと自分だけで密かに信じている。

13

いつも正直、素直に格好をつけない心と心、本音で話す

私は駆け引きが苦手である。

仕事で多くの交渉や折衝をしてきたが、いつも単刀直入、本音で話す。人間、心を開いて本音で話をすれば通じ合えると信じる。

長いサラリーマン人生で例外もあったが大体はうまく運んだと思う。もちろん、私にもプライドがないわけではないが、体面を気にしたり格好つけたりはしない。こちらがザックバランに心を開いて話をすると相手も次第に安心感からか本音が出てくる。

要は心と心で話せば分かるものだ。昔から相手の懐に飛び込むというが、まさ

にその言葉の通りである。

自らの言いたいこと、主張すべきことはきちんと言うが、相手の主張もちゃんと聞く。そして、疑問を感じれば質問するし、異論あれば反論する。話の途中で自分の言っていることが間違っていると思えば、すぐに修正する。

また、相手の主張が正しいと感じればこちらの主張を取り下げる。要は単純である。誤りに気づけば改める。素直に正直な対応をするだけのことである。

しかし、変なプライドやメンツが邪魔をしてか、いつも素直に話をすることは難しいみたいである。どう見ても自分の誤りに気がついていると思われるのに頑固に意見を変えない人がいる。特に、自分より若かったり職位が下の人に対しては素直になれないようである。

でも、人生、結果的にはいつも素直に誰に対してもシンプルに考えて対応するのが一番と考える。

心と心の接触が第一で、これで分かり合えない人は何をしても分かり合えないと思う。

14

理念に基づく行動が自信につながる 客観的に何が正しいかを考える 正しいと信じる道を進むだけ

物事を実行し強力に推し進める場合、自分としての正義が必要である。正義がないと周囲の賛同は得られないし、自信をもった行動ができない。結局は長続きせず完遂することは難しい。そこで、客観的に考え抜いた理念が必要となる。

意外と公平に考えているつもりでも、自分の好み、先入観、願望などが前提となった独善的な考え方になっていたり、部分的に重要な要素が欠落している場合がある。従って、これら要因を排除するためには、あくまで客観的な基礎検討が必要である。

難しい問題であればあるほど複雑な要素を細かく分解しこれを整理、単純化することが重要である。その後、シンプルに何が正しいのか、どうするのが理想的かを問うことによって自分の進むべき方向を決める。

しかし、人間、思い込むとなかなか単純には考えられなくなることが多い。そこで、私は二つのことを心がける。

第一は図解である。頭だけで考えていると、考えれば考えるほど混線し分からなくなることが多いので、紙に書いて絵解きするのである。書いて整理するとすっきり解明できる。この場合、できるだけ図表形式とするのがよい。ビジュアル化し右脳の力を借りて左脳の論理を整理するのである。

第二はもう一人の自分の助けを借りることである。今の主観的な自分を客観的なもう一人の自分に助けてもらう。

一人二役を演じることで自分として信じる結論を得、これによって自信をもった行動に結びつけることができる。

第2章
創造力と提案力

15

新しいことを想像することは素晴らしい
人類の知恵、人としての最高の喜び
発明は素晴らしい
仕事のやり方、進め方、何でも発明

私は「発明」という言葉が好きだ。

仕事柄、特許発明を扱ってきたからだけではない。特許の対象となる発明は特定の要件を満たす技術改良に限られるが、私は特許に関係なく自分なりに新しいことを考えることは素晴らしいことだと心の底から思っている。何事に対しても新しいことを考えていかないと世の中は進歩しない。現状維持では進歩はないのである。

ただでさえ人間は保守性が強い。これは動物的習性であり、自らが体験したことに対する安心感がある。そのため、指定席でない自由席である会議でも何気なく前回に座った席の近くに無意識に座っていたりする。また、通勤ルートも余程のことがない限りいつも同じ道を歩き通ってしまう。

だから、自分なりに意識して今までと違うことを常に考え行動しないと、新しいことは生まれない。想像性と創造性、すなわち発明の素晴らしさがある。

私は皆にドンドン新しいことを考えるよう勧めている。自分なりに何でも新しいことは自分なりの発明なのである。

仕事のやり方、会議のやり方、進め方、上司との付き合い方、何でもいい。今までと違ったことを考える習慣が大事だ。細かなこと小さなことでもいい。面倒で大変だと思わず、発明する喜びを知ることが一番。それは人類にしかできない知恵を出すこと、それは快感で喜びとなる。

今までとちょっと違うことを考える、その習慣を身に付けると楽しく前向きな人生が広がっていくこと間違いなしである。

16

世の中で最大の知的財産は人間であるだから人財という

知的財産というと特許権や著作権などの法的権利を連想するが、実は会社組織において一番の知的財産はそこで働く人間なのである。

人間の知識、経験及び知恵アイデアが最も大切な知的財産である。このことを管理者は認識しマネージメントを行うが、働く側もしっかりと認識すべきである。すなわち、働くということは、一部の産業ロボットで置き換え可能な単純繰返し作業は別とし、すべてにおいて知的財産の発揮余地がある。知識、経験を積み上げ仕事に活かす、知恵アイデアを提案し仕事の付加価値を上げる。しかも、それ

らは自分の直接の仕事だけでなく周辺に広く波及させるようにするのが一層望ましい。

この知的財産の発揮は個々人の能力だから当然に個人差がある。財産価値の大きい人とそうでない人。しかし、長期間にわたって働く場合、その価値を少しでも高める努力をすることが大事である。この認識の下に自分の働く価値の向上に務めれば、仕事に対する興味は広がり仕事が面白くなる。その結果として自分の財産価値も向上し、知的財産の発揮場面も増大することになる。

それは営業、事務、技術、生産、管理部門を問わず共通することである。私は自分自身が会社の財産であるとの気持ちで、その財産価値の向上と知的財産の発揮に心がけてきた。

まず、自分が知的財産だと考えることが出発点である。誰でもポテンシャルとして知的財産を有しており、皆が可能性を秘めた素晴らしい人財であることは間違いない事実である。

要は、働く人の認識と姿勢の問題である。

17

仕事の第一評価は提案力
日に新た革新する力

仕事の評価は難しい。何を重視し評価するか。仕事の内容、その時に求められる課題、時代背景などにより異なる。また当然のことだが評価する人の価値観によっても異なる。

評価は、目立つ仕事をしている人に注目が集まるが、目立たない存在でも地道にプロとしての仕事を着実にこなしている人も忘れてはならない。

所詮、人が人を評価するのであるから完璧なものはない。どう評価したとしても不満の残る人はいる。至難の業である。

その前提で私の評価基準は、第一は提案力である。

従来の仕事とは違った新たなことを考え、提案する能力を高く評価する。いろいろな仕事があり一概にはいえないが、私は仮に単純作業の繰り返しのような仕事であっても、改善改良の提案余地はあると思う。今までと少しでもよいから変えて行こうとする気持ちを評価する。

実際、物事を少しでも変えようとすると結構なエネルギーが必要となる。だから変化することを無意識に嫌い、その結果、知らないうちにマンネリ化する。マンネリ化ほど心地よいものはない。しかし、それをあえて変えて行こうとする力、その能力が重要だと考える。

日に新た、革新する力を押し出さないと進歩はない。ドンドン提案し、新たなことにチャレンジしていく気持ちが自らと組織を成長に導く。

もちろん、目に見える実績は当然のこと、一生懸命にやっている姿勢や長時間にわたって頑張っていること自体を評価しないわけではないが、第一は提案力、革新する力が最も重要だと思っている。

18

時間給で働かない
知恵と結果で勝負
力一両　知恵五両

一般的なサラリーマンは勤務時間が規定され、その勤務時間によって給料をもらっている。労働法で保護されているわけである。それ自体、非常によいことである。

しかし、プロの社員の気持ちとしては、時間給で働くのではなく、結果で働きたいと思う。

近年、成果主義を採用している会社もあるが、私の言う「時間給では働かない」は賃金の対価との関係ではない。

あくまでも働く自分にとっての満足度の問題である。やはり、自分としての仕事の満足度はその成果と関係する。一生懸命に働いた結果が目に見える、自分でも実感できる結果の方が、やりがいを感じることができる。その仕事の過程で私は小さくても何らかの知恵を織り込みたいと考える。

もちろん、真面目にきちんとした仕事をすることは大事であり、また、評価されるべきであるが、その中で多少なりとも働く人の知恵が出た方がよい。私は知恵の偉大さを感じる。ちょっとした知恵でも素晴らしい。

今は亡き山種証券の創業者、山崎種二氏の好んだ「力一両　知恵五両」という言葉があるが、力だけで働く価値に比べ知恵の価値は五倍かどうかは別として大きいことは確かである。従って、同じ働くにしても頭を使い付加価値を付与できるかどうかがプロ社員としての勝負どころである。

これは、知的労働に限った話ではなく、単純作業の場合であっても工夫の余地がある。単に決められた手順でいつも同じ作業を繰り返すのではなく、仕事のやり方を発明することは十分にあり得る。

細かな工夫、改善でもその仕事全体として大きな影響を及ぼすことは結構ある。

19

企業にとって最大の知的財産は人である 働く人の知識、経験、知恵、アイデアが財産

知的財産というと一般的には、特許、実用新案、意匠、商標などの工業所有権および著作権などの産業財産権を指し、企業の知的財産部はこれら権利の取得を担当業務としている。これらは他人の実施行為を抑制することができる国家的に認められた権利であり、企業競争には重要な武器となる。

この工業所有権、産業財産権は人が生み出すものであり、働く人の知恵、アイデアが原点である。従って、知的財産の素は人であり、企業にとっては働く人そのものが知的財産であると言える。

生み出された発明を特許権などの権利とする努力が行われるが、それは権利の対象となる発明に限ったものである。企業活動においては権利の対象とはならない発明も数多く生み出され、むしろ数の上からは権利対象外の発明の方が多い。

例えば、顧客訪問の仕方、会議のやり方、書類整理のやり方、書類の受付方法など数限りのない発明が事務部門や管理部門にもある。従って、権利対象の発明も権利対象外の発明も企業にとっては重要なのである。すべてこれら発明は人が生み出すものであるので、結局のところ企業における最大の知的財産は働く人であるとの結論になる。働く人の知識、経験、知恵、アイデアのすべてが知的財産である。

そのため、企業における知的財産を有効に活用するためには、各々の人に蓄積された知識、経験が活かされるようにする必要がある。それらの利用効率を高める手法を考え実行することは知的財産部の重要任務である。また、働く個々人の知恵、アイデアが出やすくする手法を考えることも知的財産部の任務である。

表彰制度、人事システムなどインセンティブ向上を、関係部署と一緒に考えなければならない。

20

知的財産部門の最大のミッションは創造性文化を高めること

企業の多くの知的財産部門は知的財産権の創出、特許庁に対する申請、権利取得、取得した権利の活用などを主要業務としている。これらは特許法などに定められた要件を満たす権利を確保することが最大のミッションとなる。

しかし、企業における知的財産を法的権利に限ればこれで十分だが、企業における最大の知的財産は働く人の知識、経験と知恵・アイデアだと考えると法的権利である知的財産の管理だけでは不十分である。

例えば、発明を創出し特許出願を行う場合に限ったとしても、良い発想によって良い発明が生まれることが前提となる。その場合、働く人のインセンティブや職場環境などが大事である。

例えば、表彰制度、評価や昇格などの人事システム、もっと遡ると採用システムまで関係する。また、良いアイデアが創出されやすい社内外情報の入手検索システム、コミュニケーションのとれた明るい職場環境、人材育成システムなども重要となる。

そしてさらに、特許などの法的権利に限らない知的財産を考えた場合には、その対象は技術部門のみならず事務部門、営業部門、管理部門まで拡大する。これら部門においても常に業務改革を考えることは必要であり、日常業務の中で仕事の仕方を発明していかなければならない。

このように知的財産をとらえた場合、知的財産部門の最大のミッションは社内における創造性文化を高めることであると考える。

要は、種々の施策により情報活用が高まり社内活性化が図られ、その過程で創出された権利化可能な知的財産は確実に権利取得することが知的財産部門の役割である。

21

少しでも良いことあれば試すのが成長企業 そこまでやるのと躊躇するのが成熟企業

人間は他人の話を聞いたとき、肯定から入る人と否定から入る人に分類されるが、一般的に否定型の人の方が多い。

会社で新しい企画提案をした場合も同様である。

新しい提案は多面的な角度から批評にさらされる。何で今しないといけないのだ、こういう場合はどうなる、ああいう心配はないのかと、場合によっては全否定に近い反論に遭う。あまりの批評を受けると提案者も嫌になってしまう。なぜ、ここまでして自分が頑張らないといけないのかと。

しかし、ここでくじけていたのでは提案は通らないし自己実現はしない。この批評の内容によってその企業のパワーを類推することができる。

すなわち、「提案趣旨は分かるが本当に今、しないといけないのかな」と考えるのが成熟企業である。組織が現状維持、保守体制に陥っているのである。これは自然の現象だと言える。

一方、「提案趣旨の効果の大きさは分からないけど、少しでも良いことが見込めるなら試しにやってみたら」と考えるのが成長企業である。どちらが良いかは考え方によって異なるが、一般的には成長企業でありたいと皆が考える。従って、成熟企業が成長企業並みの軽やかさを発揮するためには、必死の若返りマネージメントを工夫し展開する必要がある。これは人間の場合にも適用できる。新しいことに対して慎重な人、とりあえずチャレンジする人の両方のタイプがいる。

私は仕事においては常に創造的にチャレンジしてきた。だから失敗もしてきたが、その代わり新たな分野を切り開いたり、自分として、組織として初の記録を残し、多くの創造的な満足感のある仕事ができたと思っている。

22

新しいことを行なう習慣　少しでも変えてみる習慣　時に改悪することもあるが　改善する気持ちが重要

人は保守的である。一度ルールを決めてやり出すと、ずっと繰り返して行う。途中で何も考えなくなってしまう。そのやり方に対する疑問や、その目的さえ忘れてしまうときもある。「十年一日の如く」という言葉があるが、気がつくと長期間、同じことを繰り返していることがある。

これは人間の順応性の高さにあるといえる。世の中、変えてはいけないものもあるが、改善を進めるべき仕事においては常に改善を考えチャレンジしなければならない。改善しない変化のない世界は後退であり、歴史を進歩させるには改善して変化しなければならない。ところが、ちょっと安心すると人々は、すぐに変化のない世界に安住する。そこで、新しいことを考え提案する習慣、少しでも変えてみる習慣が大事である。私は自らも改善に心がけると共に、職場の皆にも改善、提案するよう求めてきた。これは習慣によるところが大きいと思う。だから細かくても小さくても、何でもいいから提案をすることを奨励した。

常に変化にチャレンジしていると、時々、改善ではなく改悪となる場合もある。しかし、それを恐れていたら改善癖は身につかない。もしも改悪してしまった場合は、また元に戻せばいいのだ。改悪を気にしてほとんど改善しないよりも、たまに改悪しても数多くの改善をした方が良いに決まっているのだ。

私は事務部門の書類フォーマットは意味がなくても変えよう、三年以上同じものを繰り返して使うな、と言ってきた。考え方の継続性は必要だが、やり方の改善はあった方が良い。仮に個々の改善になっていないとしても、担当者の改善マインドをさびつかせない大きな意義があると考えている。

23

知的財産の担当は意外と保守的新たなチャレンジが苦手な人が多い

私は、知的財産担当のミッションの一つに担当分野の創造性（想像性）の向上があると考える。

研究者を始めとする関係者の創造性向上を図り、斬新なアイデア、良い発明を生み出してもらうよう誘導しなければならない。そのためにはまず、自分自身が想像的でなければならないと考える。

しかし、その創造性を向上させるべき知的財産担当は意外と保守的である場合が多い。それでは、研究者の意識を向上させ改革することはできない。

どうして知的財産担当が保守的になりやすいかというと、業務遂行に際し、いつも特許法や審査基準などのスケールを持ち、そのスケールと比較しながら仕事をしているからと推測される。要するに、一定のスケールと合致するかどうか対比しながら仕事を行っている。そのため、スケールに合えばOK、合わなければNOという画一的な思考判断に陥る傾向が強い。

「法律上、ダメです」と言って、思考停止の状態になって終わることが多い。これは、知的財産の経験と専門性を高めれば高めるほど傾向は強くなる。

この傾向は真面目で優秀な人に特に多い気がする。そこで、創造性を高める部門としては、現状では法律的にダメだとしてもそれではどうしたらよいか、法律の抜け穴はないのか、法律の解釈を変える可能性はないのかと不可能を可能にする柔軟な思考が必要となる。

また、なかには繰り返して行われる安定した業務に慣れっこになってしまい、変化を好まないタイプに固まってしまう人もいる。

要注意である。

知的財産担当はこのような仕事上の習性があることを十分に認識し、保守的にならないよう注意しなければならない。そして、常に前向きに新たなチャレンジを続けられるよう気をつけなければならない。

24

想像力を鍛えるイメージ映像はカラー化

他人の話を聞く場合、物事を考える場合、いずれの場合も想像力は大事である。その状況を映像としてイメージすることは理解力を高める。想像力を高める訓練は難しいが、近年はその訓練がさらに難しくなっていると思う。なぜなら昔は無意識のうちに想像力訓練が日常生活の中でできていた。

例えば、野球の実況中継はテレビではなくラジオで聞いていた。実況アナウンサーが「バッター打ちました、ボールは右中間深く伸びています、センター、バックバック追いかけています、フェンスぎりぎりシングルハンドキャッチ、取りました、アウト」なんて叫ぶと、皆がその状況を映像としてイメージする。

相撲も同様。両者の立ち合いから勝敗がつくまで。

また、映画も白黒だったが観ている者はカラーで観ていた。

以前、旧友と昔の映画の話となり「あの最後のシーンは良かった、彼の黄色のスカーフ、素敵だったのが忘れられない」と。しかし、その映画は白黒で色は付いていない。皆、勝手にイメージ化していた。それは現実のものとは違った状況かも知れないが。

ところが近年、技術が進み視覚に直接訴える映像ばかりとなった。

そんな中で昔と変わらないのは本である。

文字を読み状況を想像する、頭の中で映像化して楽しむ。特に文学小説は劇場化理解が可能である。文字として表現されていない部分についても無限に想像を広げることができる。さらに、文章の行間を読むこともできる。だから私は読書を勧める。

楽しみながら気づかないうちに想像力は高まるはずである。もちろん、常に日常の中でイメージの映像化を意識しておくことは重要である。

知らず知らず毎日の訓練となる。

25

人も組織も保守的
初めてのことは抵抗が大きい
しかし、次からは
不思議なほど簡単に受け入れられる

人間は保守的である。初めての会議で何気なく座った席を無意識で覚えている。そして二回目の会議においても、最初に座った席の近くに、特に考えるわけでもなく自然と座る。よくあることである。

ちょっと変わった私は、わざと違う席に座ることがあるが、必ずと言っていいほど「いつもの席と違いますよ」と声を掛けられる。それに対して私は「え、指定席だったたっけ」と言うと「いや、そうではないけど……」と答えが返ってくる。それならどこでもいいじゃないか、なんて思う。

だが、皆、最初に座った席にこだわるのである。最初に座った席が居心地がよいとか、話を聴きやすいとかの合理的理由はない。これは同じことを繰り返すことにより得られる安心感、動物的習性である。この習性を備えた人間が集まった組織も当然のことながら保守的である。従来からの慣例を少しでも変えようとしたり、新しいことを始めようとしたりすると、まず、否定から入るのが常である。

創造性を重んじチャレンジを好む私にとっては、この否定を覆す戦いの連続であった。本当に初めてのことは抵抗が大きいのである。それをひとつひとつ説得し理解を得てやっと実現するのである。後から考えると、何でこんなことが大変だったのかと信じられないようなことでも最初は苦労するのである。ところが、一回実現すると次回は「あ、前回と同じですね」なんて不思議なくらい簡単に受け入れられるものである。

前回は大変だったのに、あれは何だったのかと不思議な感じがする。だから、経験のない人には、後になってから最初の苦労はなかなか分からず、その評価も難しいのである。

第3章
プロ意識

26

プロとアマの違いは極僅かなもの差異を説明できないことも多いしかし、結果においては格段の差あり

素人からみて、絶対にまねできないと思われるプロの世界がある。

プロだけではないがオリンピック競技の世界、体操選手やフィギュアスケートは一般人には選手のまねはできない。小さい頃からの鍛錬と才能である。

その一方で、ちょっと素人でもまねできそうな気がするのが野球、ゴルフ。

一見、プロとアマの差をあまり感じない。しかし、実際にやってみると、プロの投手が投げる球は滅多にかすりもしないし、ゴルフのアプローチはプロとアマ

では雲泥の差である。テレビでゴルフ観戦しているようには実際のプレーでは不可能である。

また、野球やゴルフの選手の中でも一流選手と呼ばれるプロ中のプロの技量は素晴らしい。しかし、彼らは同じようなバットまたはクラブを持ち、同じようなフォームで同じようなスイングをしている。

トッププロだからといって特別なことをしているわけではない。見かけでは差はほとんどない。ビデオ撮影したスロービデオを後から見て解析し、僅かな差異を見つけ、その理由を説明するのがやっとである。

要は、説明が難しいくらいの微差でしかない。ところが、そんな微差であるにもかかわらず、その結果においては各段の差が生じる。

私は、サラリーマンにおけるプロも同様と考える。ちょっとした思考、行動、思いの差が結果において大差となる。

この原点は、先天的な才能とともに基本的事項を忠実に行う、当たり前の積み上げから達成される部分も大きいと考える。

27

プロは手を抜かない常に、当たり前のことを当たり前に実行当たり前のことを行っているので、素人にはプロの実力を評価できない場合もある

「玄人はだし」という言葉がある。素人でも、プロ顔負けのすごいことをやってのけることがある。しかし、素人はすごいことをやる割には、案外基本的なことがおろそかな場合が多い。反対にプロは地味でも基本に忠実で手を抜かない。常に安定感がある。仕事においても当たり前のことを当たり前に実行する。忙しいときでも、

体調が悪い時でも、仮にパニック状態に陥った状況でも、やるべきことはやる。また、マンネリ化状態で気力低下気味でも同様である。安定した仕事を何気なくやり遂げるのがプロである。仕事を進めるに当たってのひとつひとつの手順ややり方をいちいち考えていないで自然とできるのである。だからこそ、どんな局面でも頭が働き体が反応するのである。

しかし、一般人はひとつひとつを考えながら実行に移すのであるが、つい、うっかり忘れたり、まあいいかと省略したりするのが常である。これでは部分的に素晴らしい仕事をしたとしてもプロとは言えない。

常に当たり前のことを行っている場合、周囲から見てその内容が物すごいと感じることは難しい。だからプロのすごさに気づかないことが多い。この種のプロは会社の中には結構存在するが、上司も、ときには当の本人も気づいていないことがある。要するに、さりげなく何気なく当然に処理してしまうので、皆そのすごさに気づかないのである。

目立ちはしないが、プロは基本に忠実、絶対に手を抜かないのである。

28

プロのアマ化が進行する中仲介、代行業を超えるプロとしての仕事を目指そう

最近の生活の中でプロのアマ化が進行していると思われる場面によく遭遇する。それは社会構造の変化。本来はプロの仕事であるが、一応、誰かが仲介、代行してもらえればよいとの考えである。近年、この傾向は社会としても許容していると感じる。

例えば、タクシーの運転手さん。目的地まで安全に心地よく運ぶのがミッションのはず。だが安全意識や接遇も疑問だがアクセル、ブレーキ、ハンドル操作も素人よりも乱暴で、とても快適とは言えないこと少なくない。

また、販売店の店員の接客マナーと商品知識。確かにアルバイト的な人だから

仕方ないと言えばそれまで。社会全体がロボットに代わって作業してくれればよいと思い始めているような気がする。

しかし、私は社会の流れに逆行するかも知れないがそうは思わない。アマ化が許容される時代だからこそ、プロの仕事を目指すべきだと思う。プロの仕事は注目を集め引き立つ。

会社の事務作業も同じで、電話の受け方でも、資料の複写でも個人差が出る。表面上は誰がやっても同じような気がするが、実際は担当する人で差異が生じる。

この差は何か。

プロ意識である。継続的にお金を稼いで働くのであるから、アルバイトでも派遣社員でもプロである。プロ意識をもって電話応対をするか、資料を複写するか、それによって仕事の質は大きく変わる。

働く気持ちの持ち方とちょっとした努力によってプロ化する。そして、働く本人もプロとしての誇りがわき、それによってさらに良い仕事ができるのである。

単なる仲介、代行を超えるプロの仕事を目指したいものである。

29

プロは体調管理が一番
頭脳と身体を
常にベストコンデションに

本場所の相撲の力士は、朝からその日の取組のため万全を尽くす。取組は一番だけ。それも夕方、時間はほんの数秒ないし長くても数分である。しかも一番だけである。そのため朝から照準を合わせ集中する。精神的に体調的に最高の状態で臨むのである。もちろん、本場所以外でも稽古や鍛錬は怠らない。これはスポーツ選手でも同じで、表舞台外の他人が見ていないところで努力しているのである。

さてさて、サラリーマンのプロとしてはどうなのか、と若い時によく考えたものである。

プロのサラリーマンとして基礎知識及び専門知識の習得は置いておき、勤務に合わせた体調管理が非常に重要。二日酔いだったり、熱っぽかったりでは仕事の効率は当然、上がるはずはない。この点はレベルは違うものの、相撲の力士やスポーツ選手と同じである。だから、若い時から毎日の体調管理には注意してきた。

具体的実践としては、風邪を引かない、お腹の調子を壊さない、睡眠を十分に取ることに心がけてきた。それは当たり前、誰も同じことだが、プロとして働くためとの強い意識があってのことである。特に若い時には誘惑がいっぱいなので、分かってはいるができないことも多いのである。

そんな中、時には付き合いが悪いと思われても、誘いを断り早く帰る、好きな深夜テレビを観ていても途中で寝る、風邪の引きかけには早めに薬を飲み栄養補給し寝るなど。一年を通しての良好な体調維持は結構つらい。

しかし、私はできるだけ翌日の勤務に照準を合わせて体調維持するようにした。

ちなみに、私の仕事では、その日の体調の良し悪しで何倍もの成果差があると当時から考えており、これは今も変わらない。

30

世の中、当たり前のことを当たり前に行うことが大事ところが、言われてみれば当たり前のことは言われてみないと当たり前ではない

上司から「何でこうしなかったのだ」「こうすれば良かったのに」と指摘されると「あー、その通りだ」と思うことがある。確かに、言われてみればその通り。自分でも何でそうしなかったのかと思うときがある。後から考えると難しいことではなかったような気がする。不思議である。でも、現実にできていない。

これらは知識として知っていてもその局面局面でそれを思いつき具体的実行に

移すことの難しさを物語っている。人間、常に当たり前のことに気づき、当然のように実行することは至難の業である。結構難しいことはやっているのに当たり前のことに気づかないことがしばしばある。

本当はまず、当たり前のことを当たり前に行うことが第一なのだが。そこで考えてみると、後から言われてみて当たり前と感じることは、意外と言われてみないと当たり前ではないことに驚く。それは後から言われるからその通りだと感じるが、実はその当事者のその局面では当たり前ではないのである。

言われてみたから当たり前と感じるだけ、まさにコロンブスの卵なのだ。

ということは当たり前のことを当たり前に実行することは物すごいことなのである。正に仕事におけるプロである。もし、当たり前のことをせずに、後からそれが問題となった場合には大変なことになるので、その当たり前のことは値千金であるという場合もある。ところが、この当たり前の価値を評価することは意外と難しい。それは当たり前すぎるから物すごいと感じないのである。

これを評価できる人はやはりプロ、すごい人なのである。

31

専門家の評価は、評価能力のある人にしかできない結局、自分の評価は自分がするもの

自由経済社会における現代の会社では人事考課は避けられないが、人が人を評価すること自体、非常に難しいことである。人間それぞれ個性があり、良いところも悪いところもある。その時代、その会社において何が求められているかによって現評価は異なるし、評価者の着眼点によっても異なる。また、良い点も見方によっては欠点になる場合もある。これに加えて評価者との相性もある。

誰が見ても明らかに優れている、または劣っているという場合もあるが、大半の場合は悩ましい中、不可解さが残る評価判定が行われることとなる。特に専門家の評価は、その仕事の価値が理解できる人にしか分からない。

要するに、評価者自身の評価能力が決め手となるが、必ずしも評価者が理解で

きるとは限らない。そうなると外面的要素や周囲の評判で判断したりすることとなり、正しい評価は期待できない。その結果、当事者にとって不満の残る評価とならざるを得ない。

これは問題だが、私はある程度仕方のないことだと思う。もちろん、上司、評価者としては正しい評価ができるように努力しなくてはならないが、人が人を評価すること自体が難しい上、専門的な仕事の判定を正しくすることには限界がある。

私自身も度々、評価には不満を感じてきたが、その経験を通して得た結論は、自分の評価は他人がするものではなく、あくまでも自分自身がするものだということだ。所詮、他人には分からない。特に専門的業務の評価は、できないと思っておいた方がよい。もちろん、他人の評価も良いに越したことはないが、いちいち気にしていても仕方がない。

基本は自分が満足でき充実感があり、仕事のやりがいがあるのが一番だということだ。

32

評価は他人が、周囲がするもの自分の仕事の達成感、満足感この喜びは誰にも分からない

人間だから自分の仕事について他人に評価してもらえることはうれしい。会社の中でも周囲の人に評価され、上司からも評価されることを期待するのは当然である。まして会社における評価は、報酬や昇格に影響する。

しかし同じ会社の中でも、職種の異なる多くの人間を平等に評価することは不可能である。また上司との関係において、上司がどの点に重点を置き、何をどの程度評価するかは人さまざまである。

そう考えると会社の評価は運によるところが大きい。もちろん会社としては可能な限り公平な評価に務めているのだが、人が人を評価することは難しいのであ

る。

その一方で周囲の人間同士は、お互いに個々の能力に対する評価を行なっている。この評価は年代、職位を超えた結構厳しい評価であり、意外と正確な評価である。

例えば、ある問題に詳しいと評価を受けている人は、たとえ若くても平社員でも、その問題に関しては皆から相談され頼りにされる。反対に職位が上で偉い人でも、あの人に聞いても分からないと皆から思われている場合は、誰も相談はしない。

現実社会は自分の思いと一致するとは限らないから、私は自分の評価は自分がするものだと思っている。

自分の仕事の達成感、満足感が第一で、逆に自分で満足していない仕事を尊敬できない上司に評価されてもうれしくはない。もちろん、両方とも評価された方がいいに決まっているが、それは運任せなのだから期待しても仕方がない。

だから基本は自分の満足感である。この喜びは誰にも分からない自分だけのものでよいと思っている。まずは自分で満足する仕事が目標だ。

33

文章には論理と美学がある素直に心にしみ込む文章表現

物事すべて文章に書いてまとめてみることは、頭の整理に役立つ。単に頭の中で考えていても、堂々巡りし整理がつかない場合でも、文章化してみると整理ができる。

文章には論理性がある。この際の文章は文学とは異なり、平常心で平坦な言葉で素直につづることが大事である。

決して難しい言葉や表現を使ってはならない。

難しい理屈にこだわらず、心のままに優しく表現するのがよい。水が流れるように順序立って決して飛躍することのないように。そこに何とも言えぬ心地よさが生まれる。素直に心にしみ込む文章表現に、ある種の美学を感じる。

まずは、とにかく思ったことを箇条書きで書き出す。この書き出しは思うがままに色々な角度からたくさん書き出すのが望ましい。

次に、書き出した多くの内容を項目ごとに分類分けし、項目内も見直し整理して優先順位をつける。

さらに、項目についての優先順序を考え、項目の入れ替えを行う。そして、最後に文章化を行う。

このような順番で作成された文章は、分かりやすく説得力を持つ。他人の理解を得やすく協力も得やすいものとなる。第三者に対しては、語る力も大切であるが、論理性の説得のためには文章力も重要である。

文章化することは自分自身の論理的理解力を高める。

頭の中でしっかりとした理解ができる。もし自分自身の理解が不十分だとしたら、前述の作業手順の過程で問題があるはず。もし問題があれば、文章化することにより、その誤まりを気づかせてくれる。

従って、文章の論理性と美学を追求することは、ビジネス推進上極めて大事なことである。

34

早く、正確に、知恵を出しながら相反することを何気なく実行それがプロとしての誇り

私のサラリーマン人生で、一貫した目標として掲げたキャッチフレーズは「早く正確に知恵を出しながら」であった。

このキャッチフレーズは私個人の目標でもあり、また私がリーダーを勤めた組織の目標ともした。私は、若い時から勤労観として「プロ社員」を意識した。

当時から、正社員とアルバイトの違いについて真剣に考えていた。そこには、アルバイトとは違う何かの特技がないといけないと。それが正社員としての誇り、また仕事のやりがいでもある。

入社間もない頃、たくさんのコピー作業をしながら考えたものだ。コピー作業

自体は単純作業であるが、その作業は人によって大きな差が出る。丁寧だが要領が悪く遅い人、作業は早いが写りが悪かったりズレている頁が混ざったりする人と、さまざまである。

そこで私は、両者の問題を解決して、早く、ミスなく綺麗なコピーを取り続ける努力をし、その過程でいつくかの小さな工夫をした。これが「知恵を出しながら」である。

その後も掃除の仕方、図書室の蔵書の虫干し等の単純作業でも同じような考え方で臨んできた。そして、これは高度な頭脳作業でも同様に推進した。

周囲からは、早くやれば時には抜けも起こる、正確にやれば遅くなるし、知恵も出し難いとの声も聞いた。しかし、その相反することを実行するのがプロである。

世の中には、人間業とは思えないような神業の熟練職人もいる。信じられないようなことをやるのがプロであり、プロとしての誇りである。しかも、知恵を散りばめ何気なく、さりげなく実行するのが理想である。

人間の能力は計り知れないのである。

第4章

物事の考え方

35

全体大枠把握と細部把握
両者とも重要
大項目、中項目、小項目に項分け整理

物事を理解するとき、全体像と個々の部分との両方を理解することが必要だが、人間どちらかに偏っている場合が多い気がする。

人間には二種類の思考パターンがある。

一つは全体大枠を把握してから、それぞれの細部を考えて理解していくパターン。もう一つは細部を理解してその周辺の理解を徐々に広げていき、全体把握をするパターン。

前者のパターンは比較的に男性に多い。一説によれば、雄は獲物を獲りに遠くまで出かけるので、まず大雑把な方向性を考える動物的本能が残っているとか。例えば、地下鉄の出口を出たとき、最初に東西南北の方角や目印となる建物の方

向を考え自分の進むべき道を考える。

それに対し後者は比較的に女性に多く、自分で直接確認できる部分を少しずつ広げていく。先の地下鉄出口を出たとき、前にコンビニがあってその隣に郵便局があって反対側に高層マンションがあってと徐々に認識を広げていく。

正しい理屈かどうか別として、私は勝手にこう考えている。どちらのタイプが良いというものではないが、複雑な問題を理解し整理する場合は前者の方が望ましいと思う。

複雑な場合、細かなことにこだわり過ぎると思考停止になる場合がある。まずは全体大枠を把握した上で、それぞれの細部を順番に理解していく方が理解が早くなり、また、理解した部分と理解していない部分の区別が自分で分かるメリットがある。

この思考パターンは簡単に変えることができないが、私は項目整理を提唱している。すべての事柄につき大項目、中項目、小項目に項分けして考える習慣が効果的である。

その前に自分のパターンを認識しておくことが大事である。

36

物事の本質をつかむ力
物事の奥を深く見て考える
ひと言で言うと何か

以前よりも近年のサラリーマンはよく働いていると思う。処理すべき仕事量、スピードともに増大している。これは効率的会社組織や電子事務機等の発展による結果だ。そのため、昔に比べれば一人でたくさんの仕事をこなし、それに伴う情報量は膨大なものとなっている。本当に人間の能力は素晴らしい。

恐らく昔の人からは考えられないほどの大量の仕事を、現代サラリーマンはしていると思う。仕事の要領の良さは抜群である。しかしその反面、忙しく仕事をさばくあまり、物事の本質をつかむ力が欠ける心配がある。確かに、いちいち物事の本質を考えていたのでは仕事が処理できずスピードについていけないが、単に処理することだけに集中しその本質を理解していないのは好ましくない。

そこで、忙しい中でも時には立ち止まり、物事の本質を考える必要がある。これは自分で意識しないとなかなかできない。時々、物事の奥まで見て深く考える習慣が必要だ。忙しい中でも流されっぱなしにならず、その背景や目的を考えてみる。「何のために、どうして」と仕事の本質を追求することが求められる。この過程では、複雑なさまざまの事柄が交錯し、すっきり整理できない場合があるが、私は「ひと言で言うと何か」と自問自答する。要するに、いろいろ考えた後のポイントをひと言で表現することが本質をつかむコツである。最初から短絡的に結論を求めることは好ましくないが、最後はポイントをまとめないといけない。

だが、なかには結論が出ないものや分からないものもある。

その場合は「分からない」というのが本質と理解することとなる。また、日常生活の中には、例えば、マスコミ報道や他人との会話で文字通りに理解したのでは、その本質を誤まる事柄が多数ある。これらも本質を見極めながら聴かないといけない。報道や話を丸ごと鵜呑みにしてはいけない。その裏にあるものは何かと。人間社会、他人を疑い過ぎてもいけないが、あまり信用し過ぎてもいけない。

37

平面的理解だけでなく立体的理解が大事見出しを付け重要度ランクを識別

理解しておくことは重要である。これらは頭の引出しに、複雑な問題を解きほぐし細分化し、且つ分類別に整理して、きちっと整理しておくことが望ましい。

頭の引出しの整理が悪いとせっかくの知識がとっさの時に役立たない。

さらに、それらは平面的理解だけでなく、重要度別に階層化した立体的理解としておくことが望ましい。知識いっぱいの博学な人は、特に立体的理解は必要である。

ところが、頭の良い人は意外と立体的理解が苦手な人が多い。

例えば、あらかじめ60分のプレゼンを頼まれ、それに合わせた資料作成を準備していた時、急に都合で30分で話すとなった場合、対応困難な人が多い。「え、半分の時間だったら前半だけ説明し後半は省略します」なんて人が多い。

そうではない。30分なら半分、5分ならそれに合わせて時間分だけ重要な話をすればいいのだが、そうはできない優秀な人を何人も見てきた。なぜ、こんなに優秀な頭の良い人が困るのか。

私は一つの推測をもっている。現代の受験戦争の弊害である。要するに重要度に関係なく、世の中に役立つかどうかに関係なく、とにかくベタスキャンで知識として取り込む訓練を重ね、それが得意な人が一流高校、一流大学へと進み会社に入ってくる。

彼らは平面的理解は得意だが立体的理解が苦手なのでは。

平面的理解と立体的理解とを組合わせるには、まず、分類された情報に見出しを付けることが第一である。そして、付与された見出しに強弱を付け階層化することにより、重要ランクを識別することになる。

この際、右脳のビジュアル的センスを働かせる必要がある。左脳とともに右脳を活用させるのがミソである。

38

難しいことを難しく説明する人がいる
やさしいことを難しく説明する人がいる
私の信条は、難しいことをいつもやさしく説明すること

何でも物事を他人に説明する場合、相手にとって分かりやすく丁寧に説明することが大切である。このことは気持ちとして皆が理解しているが、実際には難しい。なぜなら、自分が考える背景と相手が考える背景が異なるから。

すなわち、こちらの説明することを完全に理解できたとしても、実は相手の理解していることは、こちらの思いとは違うところで合致していることも。と言う

ことは、相手に完全に理解してもらうためには相当の努力が必要だ。しかし、往々にして自分のペースで話す。

それではお互いの経験、知識、イメージしている内容など背景が違うので伝わらなかったり、誤って理解されることがある。

またさらに、特に頭の良い人に多いが、難しいことを難しいまま、ひどい場合はさらに難しく説明する人がいる。難しいことは説明する本人が本質を理解していないとやさしく説明できないというが全くその通りである。

人によってはやさしいことをわざと、格調高いつもりなのか格好つけて話す人もいるが論外である。私は難しいことをやさしく説明するのが基本だ。

せっかくの話が正確に理解されないのでは意味がない。

背景を確認し補足説明をしながら、要点が浮き上がるように説明する。また、可能な限り比喩を多用する。それもなるべく身近なことに置き換え、相手がイメージしやすいように。また、専門用語は避けて通常表現を優先する。そして要点は言葉を替え、いつくかの言い回しをする。聞く人のイメージ形成につながるように。

39

やさしいことでも常に、バラして順序立てて考える思考パターンが、複雑な問題でもやさしく考えることができる秘訣

優秀な人は、少々複雑な問題でも頭脳の許容量と処理能力が高いので、自分の頭の中で問題解決を図ってしまう。それは羨ましく素晴らしいところである。

それに対し私は物事を考えるに当たり、いつもその内容に関するキーワードをメモに書き出す。また、その課題や状況をバラしてフローチャートや対比表などのメモに書き出し考える。それは習慣となっている。

確かに、わざわざ書き出さなくてもいいような気がするときもある。しかし、

この作業は物事を単純に順序立てて考える思考パターンの訓練である。

この作業の威力は、難しい問題に直面した場合に発揮される。どんなに複雑な問題であろうとも、課題や状況を分解してひとつひとつを整理した上で考えることは基本である。

だが、普段からこの習慣がついてないと複雑な問題に直面したときに困る。

特に優秀な人は相当なレベルの複雑度でも頭だけで解くことができるが、どんなに頭の良い人でも限界、しきい値はある。しきい値を超えるとやはり困る。

そして、常日頃からやさしいことでもバラして整理する習慣がないと、複雑問題に遭遇したときに苦労する。

だから。思考パターンの訓練ともいえる、やさしいことをバラしてメモに書き出す習慣を身に着けておくことが望ましい。普通の凡人はもちろんのこと、優秀な人も同様である。

メモに書き出すことにより漏れもなくなり、また細かな気づきも発見できる効果もある。

40

分かっているところと分かっていないところを明確に区別し自覚することが大切
分からないところは調べたり聞けばよい
この区別ができていないと質問もすることができない

「は～い、質問あれば質問をして下さい」と言われても質問ができない。完全に理解できたわけではなく何かモヤ～としているのだが、何を質問していいのか分からない。そんな経験は誰しもある。

実は、これは自分自身で分かっているところと、分かっていないところの区別が明確でないのである。従って、何が分からないのか、どこが分かっていないのかが分からないから質問のしようがない。要するに、何となく分かっているけど、ちゃんとは分かってない状態である。

以前「質問力」というタイトルの本がベストセラーになったが、質問できるとは正に「力」なのだ。分かっているところと分かっていないところを正確に認識するにはやはりメモに書き出すのがよいと思う。分からないところを自分で認識できれば、その点に関して調べたり、他人に聞いて教えてもらうことは可能である。

分からないことを置き去りにしてはいけない。

毎日の生活、仕事の中で何となくの理解のまま間違った記憶を頭にインプットしてはいけないし、どこが分からないのか分からないまま放置してはいけない。この曖昧情報はすぐ、膨大な未理解情報の山となってしまう。

だから、分かった情報と分からない情報の区別を意識して明確化することは極めて重要なことだ。何となくの理解からきちっとした理解に意識を切替えれば自らの成長に変化が起こるはずだ。

41

原則と例外
自分なりの
判断基準をつくる
但し、原則にこだわり過ぎない

何事においても自分なりの判断基準を設けておくことが望ましい。

基準といっても自分なりのものでよく、物事を理解し頭を整理するためのものである。判断、行動の指針となり、仕事が早くなる。また、他人に自らの考えを明快に説明する上でも役立つ。

しかし、当然のことながら、物事すべて一律に基準は設けられない。さまざまなケースが想定される。頭の良い人は特殊ケースを考え出すのが得意であり、レアケースを考え心配する。そうすると基準は作れない。

しかし、法律ではないのだ。あくまでも自分なりの基準でいいのだ。だから原則基準でよく、例外はたくさんあってよい。場合によっては、例外の方が多くてもよい。どちらが原則か例外か分からなくなってもよい。要は考え方の問題である。考え方としてどちらを主体として考えるのかだけの問題である。

実際に起こるか起こらないか分からないようなたくさんのレアケースを気にする必要はないのである。極めて大雑把に考え「こういう場合は、原則としてこう考えてこうする」と単純に決めればいいのだ。

そして、この原則に従い判断し行動していくことになるが、そう単純に当てはめられないケースに遭遇する。この際、この基準は考える際の出発点であるので、個別状況をよく検討した上で原則通りの基準適用とするか、例外適用とするかを決めればよい。例外適応するにしても、原則基準を軸に考えられるので分かりやすく判断も早くなる。

判断基準を設定したからといって、こだわり過ぎるのはよくない。弾力的に運用すべきであることは言うまでもないことである。

42

判断とは、分からないことを経験と見識で決定すること分かっていることを決めるのは判断ではない

仕事における判断業務は多い。あることを判断する場合、当然のことながら判断に必要な情報を集め、整理検討する必要がある。その分野の判断に必要な検討項目を、基本に従い調査、収集しなければならない。

この基本はおろそかにしてはいけない。詰めるべきことは確実に詰めなければならず、検討漏れはプロとしてあってはならない。どんなに多忙な時でも、体調が悪い時でも、検討すべき項目についての見落としは許されない。

しかし、その検討項目のすべてを確認しても、完璧な結論は得られない場合がほと

んどである。未知部分を残して決定することを判断というのである。もしすべてが判明しているのであれば判断する必要はなく、おのずから結論は決まるのである。

また、判断材料についての検討は70~80点位は比較容易に集められるが、90点を超える材料収集は難しくなる。例えば、90点の検討結果をもって上長判断を求めたところ「判断できないのでこの項目も検討しろ」と言われ、苦労してさらに検討したものの、未だ98点なので判断できないと言われたら困ったもの。永久に100点は無理なのである。

従って、どこまで材料収集の検討を重ねて判断するかが大切である。これは問題の大きさや重要度を考え決めることになる。これも判断。この判断は判断者の経験と見識で決定しなければならないが、判断者の性格によるところが大きい。

現実社会では、細かいところにこだわり過ぎて判断できない優柔不断の人から、検討不十分で判断するいい加減な人までいる。検討すべきことは検討し、後は大胆に判断するのが理想である。

理想の人は存在しないが、判断の意味を認識することが大事である。

43

整理整頓は頭の中の整理状態に関係思考パターンにも影響あり

一般企業では5S運動（整理・整頓・清掃・清潔・躾）が定着している。もともとは生産現場における活動であったが、事務、管理などの生産部門以外でも同様な活動が展開されてきた。私は生産部門以外でも5S的センスは重要だと考えている。そのレベルは生産部門とは異なるものの、特に整理・整頓は仕事の効率性から大事だと思う。

一般的に机上や引出しの整理状態が悪い人は頭の中の整理状態も乱雑になっているような気がする。

なかにはきちんと整理すると落ち着かず逆に効率が下がる人、おもちゃ箱をひっくり返したようにゴチャゴチャでも自分ではそのありかがすぐ分かる人もいる。

しかし、それは例外だと思う。

やはり整理、整頓されていた方が効率的な仕事ができる。

身の回りの整理状態が悪い場合には、頭の中の整理状況も構造的にボヤーとなっている場合が多い気がする。頭の中には入っているが、その整理状態が悪いと効果的に活用されない。

頭の中の情報は体系的に分類され、且つ各分類ごとに大分類、中分類、小分類と展開されて収納記憶されているのが好ましい。大雑把な記憶や曖昧な記憶では困るが、個々に正確な記憶であっても、分類体系化されていない記憶の集合であると活用が難しく効率的ではない。

そこで、正確な個々の情報を分類体系化し、細分類展開して頭の小引出しに収納するために、身の回り、まずは机上、引出しの整理整頓に心がけるのが一番だと思う。

それは頭の構造を変え、記憶情報の効率化に役立つとともに思考パターンにも影響を与える。

44

左脳による言語論理と右脳による視覚イメージ両者変換により想像力をアップ

一般的に言語論理の左脳、視覚イメージの右脳と言われるが、物事を考えまとめる場合、まず理論を考え構築してからイメージを創り上げるタイプと、逆にイメージを創り上げてから理論をまとめるタイプの人がいる。

前者の究極は勉強のできる秀才型、後者の究極はひらめきの天才型となる。

どちらのタイプにしても両者の融合は必要となるが、特に技術系サラリーマンは、論理優先で視覚イメージが苦手の人が多いと思う。基礎的事項をきちんと積み上げ、しっかりとした理論構築することは重要である。

しかし、それを他人に説明する際には視覚イメージ化しておかないとうまく伝わらない場合がある。

もちろん、自分と同じ専門家集団内での話は別だが、他人の頭は自分と違う。せっかくの素晴らしい理論も周囲の理解が得られないのではもったいない。

そこで、言語論理から視覚イメージへの変換が必要となる。難しい自分なりの論理を可能な限り模式化し、ポンチ絵やフローチャート、図表などで整理する努力がいる。

これを私は広告代理店的センスと呼ぶ。自分の論理を第三者に分かりやすく説明する上で、大きな力を発揮する。また、論理構築の過程において模式化すると、意外と頭で考えているだけでは気づかない新たな発想が飛び出すことがある。

どうも右脳の方が柔軟性ある展開をするようだ。脳科学的には根拠はないが、右脳は一次元展開の左脳よりも二次元、三次元に膨らませることが容易だと思う。

私は自分で考える場合も他人の話を聞く場合にも、言語とともに映像を思い浮かべるようにしている。常に、そのときのシーンを自分なりに描きながら左脳と右脳の融合を図るようにしている。

45

いつも文句を言う人 言わない人より良い 問題点、課題に気づく 感度良好な証である

若い頃、文句ばかり言ってと先輩や上司からよく言われたものだが、最近の若者は文句も何も言わない人が増えたように思う。物事を素直に受け入れ、前向きに仕事に取り組むことは良いことだが、私は基本的に文句を言わない人より文句を言う人の方が良いと考える。

すなわち、何も言わないと何か考えているのか、何を思っているのか分からない。もしかしたら何も考えていなし、何も思ってもいないのかも知れない。それは困る。最悪である。ちゃんと考え、理解した上で肯定の証しとして黙っているならば問

題ない。

それに対して文句を言う人は、自分で感じて意思表示しているのであるから評価に値する。問題点、課題に気づく感受性が高いということだ。しかし、普段から文句ばかり言っている人は扱いにくいと嫌がられるケースが多い。そこで、文句の言い方にちょっと気をつけた方がよい。同じことを言うのでも言い方や言葉遣い、タイミングが大事だ。それによって同じ内容が問題提起または提案と受け取られる結果となり、マイナス評価がプラス評価に変貌するので、その差は雲泥の差となる。

また、文句を言う時、できたら改善案も一緒に言えたら望ましい。それは完全に提案となる。でも、自分では改善案が見当たらないことであってもよいと思う。なぜなら、問題点、課題の確認となる上、経験の浅い自分では改善策は思いつかないが他の人は思いつくかも知れない。

一般的に、若い時は言い方が乱暴だったりするが、感受性が高いことは素晴らしいことなので、それなりに言い方、タイミングを考える必要はあるが、積極的に感じたことを言うことは歓迎すべきことである。

第5章

働く心がけ

46

ちょっとした気配り　心遣い　思いやり　優しさ、愛情をもって行動

世の中には本当によく気がつく人がいる。なぜ、あんなによく気がつくのだろうと感心する人がいる。子供の頃の親の躾《しつけ》なのか、生まれつきのものなのか、日頃の心がけなのか分からないが見習いたいと思う。

しかし、もともと日本人は国民気質として周囲に気配りができる民族である。このちょっとした気配りは社会生活で極めて重要である。個々の気配りの内容をひとつひとつ解説すれば大したものではないが、実は皆、大したものなのである。しかし、年々とそのレベルは低下している気がする。仕事に限らず一般社会生活でも同様である。

例えば、歩道を歩くにしても電車に乗るにしても何をするにしても自分中心で

周囲に対する気配りは欠ける。これは近年のヘッドホーンの普及と常態化、さらにスマホの出現が影響しているように思う。耳や目に神経が集中して周囲への配慮が希薄になっている。周囲の空気や雰囲気を感じて気配を読み取ることができなくなっている。

だからこそ、このちょっとした気配り、心遣い、思いやりが光るのである。人間、ほんのささいなことで喜んだり、悲しんだりするものである。理屈通り感情に全く左右されないで動くロボットとは違う。合理性と効率性を追求するあまり、時々、仕事においては人の優しさや愛情を忘れそうになることがあるが、所詮、人間組織の中では時代が変わっても気配り、心遣い、思いやりは大事なのである。大げさなことでなくてよい。すべてが「ちょっとした」ものでよいのである。感度の高い人、鈍い人、いろいろいるが自分なりに心がければ結構気づくようになるものである。

このちょっとした差が仕事の成果に大差を招くこともしばしばある。要は、心がけ次第である。

47

仕事はスピードが重要　即決、速力は大きな実力
考えて意味のあることか、考えても意味のないことかを考えることが重要
考える、検討すると言って単に迷っている場合が多い

現代社会においてスピードは重要だ。特に判断を伴う仕事においては、その決断スピードが重要になる。最良の判断をしたつもりでも、タイミングを失しては意味がない。もちろん、検討すべきこと、詰めるべきことをしないでの判断は論外で話にならないが、判断業務においては「速力」が非常に重要。一般論としては早い方

がよいと分かっているが、個人差がある。検討すべきこと、詰めるべきことが完了しているのに、判断できず迷っている人が意外と多い。そう迷っているのである。また、考えても仕方のないことをどうしようと思いあぐねている場合もある。

いくら慎重な人だからといっても、時間をかけても答えが出るはずがない。大事なことは、考えて意味のあることかどうかを考えることである。意味のないことを一生懸命に考えても時間の浪費である。ところが、本人としてはそれに気づかず考えているのである。周囲からみていると検討終了し、後はどちらかに決断するだけと思うのに、「もう一度、考えてみます」「もう少し検討してみます」と。

もうどちらかに決めるだけなのに何を今さら考えるの、検討するのと不思議に思うことがしばしばある。実は、これは考えたり検討したりしているのではなく、単に決めきらずに迷っているだけのこと。

最後は決断力の問題だが、要は、重要なことはまず、考えて意味のあることかどうかを考え、意味のないことは経験と見識で「エイヤー」とどちらかに決めることが、仕事の「速力」アップにつながることを理解すべきである。

48

目標達成の具体的イメージを描くこと 目標達成の日付、夢に日付を入れることにより実現確率が高まり夢が近づく

今の目標が達成されたら、どういう状況が目の前に広がるか？　その光景をイメージすると目標が近づく感じがする。

例えば、優勝シーンを夢見てプレーすると頑張れる気がする。会社などでも「このプロジェクトを完成させ皆で美味い酒を飲もう」と喜びを一緒に味わうシーンを想像する。共通の目標に向かって邁進《まいしん》できそうな気がする。これらは単に気がするだけでなく、効果も上がるものである。

考えてみれば、人間の意志は意外と弱い。だから、自らを奮起させる工夫が必要なのだろう。

目標達成の際の自分の姿、周囲の光景を思い浮かべ、頑張ることができるのである。目標の難易度が高く長期間を要する場合には、具体的な達成の日、夢の実現日を入れると、その実現確率が高まり夢が近づく。

例えば、何年何月何日に達成、何年度の試験に合格と、日程を決めた方がよい。何となく将来はとか、数年後とかの目標より具体性を帯びる。また、長期にわたる場合には、その途中のイメージも必要である。

本当に意志の強い人は、最終目標達成までになすべきことを計画的に実行するが、凡人にとっては、綿密な行動計画を立ててもその通りにはいかないものである。しかし、全く考えずに何となく目標を立てていたのではなかなか実現しない。

そこで、日付を入れた目標達成の具体的イメージを描くことは精神的な意味があり、実現確率は高まる。節目の途中のイメージも、同時にもって目標に歩み出す。予定通りにいかず軌道修正を頻繁に行うことになっても、やはり効果は高まる。

49

目標時間をもって行動
完了時刻を意識した業務遂行
効率化とレベルアップに不可欠
会議の終了時間も意識

「時は金なり」という言葉がある。ゆったりとした気分で休息を楽しむ場合は別だが、人生誰もが限られた時間で生きている。従って、時間を効率的に使うことは人生にとって大事なことである。まして仕事となると効率化は重要な課題である。

会社でも会議の効率化が叫ばれている。会議の質を向上させようという取り組みである。事前に議題を連絡したり、検討事項に関する資料を事前配布したり、説明資料を分かりやすいものとしたり、一方、議事進行の司会役を決めたりさまざまな手法が採られている。また、会議開始の時刻の厳守、時間管理の徹底なども採られている。

私は、何事も時間を意識して仕事を行うことが大切だと思う。今の仕事、いつまで、何時何分までに完了させるのかを考えて行うのが効率化につながると信じている。と言っても、一分一秒まできちきちにというわけではない。ある程度の時間感覚の問題である。一般的に開始時間を気にする人は多いが、終了時間は意識されないことが多い。要は、成り行きで終わった時点が終了時間である。

しかし、私は終了時間を意識して行動することが大切だと思う。会議も「時間が来たらやめよう」と思って会議を行う。本当に終了時間が来ても終わっていない場合にどうするかは別の問題だが、その意識が大事だと思う。

今やっている仕事、何時までに完了させるとの気持ちで取り組むことが、内容の充実した効率的な仕事につながると信じている。一時間目標の仕事を50分で完了させれば15パーセント以上の効率化が図れることになる。

終了時間を意識すれば、当然、途中経過の時間も気になる。半分経てば仕事の進みも半分の目安となる。

50

願望は目標として書くことにより計画となり、実行することにより現実となる

将来の目標として、何となくこんなことをしたい、あんなことができたらよいと思うことがある。しかし、何となく思っていたのでは単なる願望に終わることが多い。だから私は、願望を目標として紙に書いて残すことにしている。

そもそも頭の中で何となく考えていたのでは記憶から消えてしまうときもあるし、ボヤーとしているだけで実現に近づかないが、書くことにより鮮明に意識することになる。その結果、実現に向けての課題を考えたり具体的なアプローチ手法を考えたりする。

とは言っても、そう簡単には進まないことも多いが、とにかく、書くことによっ

て自分の明確な計画となる。だから皆に、私は願望を書くことを勧めている。要は、書くことによって自分の気持ちを高め、実現に向けて追い込むのである。

書いた計画は目につくところに置かないといけない。ただ書いて引出しの中に片づけておいては効果は薄い。毎日、自分で見て確認しているうちに実現のための作戦がわいてくる。人間、不思議なものでどうしたらよいか分からなくても毎日、見て考えていると自分の気がつかない潜在意識の中で無意識的に考えが浮かぶことがある。

そうすれば、それを試しに実行するのみ。高い目標の場合には、時間がかかり何度もチャレンジしなければならない。その努力は絶対に必要だ。

失敗を繰り返しているうちに学習効果も高まり、そのうち目標達成し、願望は現実のものとなる。ただ、意志の弱い凡人は長続きしないことも多い。その際の努力過程での心の支えが書き記した計画なのである。

もちろん、何でも書けば叶うというものではないが、自己実現の確率を上げる効果はあると思う。

51

今日できることは今日実行すべて即日処理とはいかないが……確認は昨日の自分と今日の自分で再確認

事務管理部門では業務目標として「即日処理」を挙げることがあるが、長期にわたる継続業務においては「即日処理」を目標に掲げることはない。それは当然のことで仕事は即日完了しないからである。一日では終わらず、ある期間を費やし完成させるので一日での区切りはできない。

そのような仕事の中でも、私は今日できることはその日のうちに片づけるよう心がけている。仕事とは自分なりのペースでは進まない。予定を立て、今日の仕事をしていても、飛び込みの頼まれ仕事が途中で入る。嫌になることもある。でも、やらなくてはいけない仕事は、可能な限り即日処理を心がける。それが仕事がたまらないコツであり、また、仕事のスピードに影響する。

しかし、そう思っていてもできないこともある。でも、「即日処理」するつもり、その意識が大切だと思う。人間、「明日でもいいや」「先延ばしでも仕方ないや」と最初から思っていると本当に進まなくなる。

要は気迫の問題である。私はそれを実践してきた。その効果は明らかである。そして、もう一つ、今日、完成させた仕事は翌朝にチェックする。一日経過することにより、昨日の自分の仕事を今日の自分が確認するのである。

同じ自分でもこの翌朝の自分はかなり客観的な見方ができる。特に、複雑な問題や難しい課題を含む仕事については抜群である。仕事のスピードと質の両面から効果があらわれること間違いなしである。

是非とも気持ちだけでも挑戦してもらいたいと思う。

52

ちょっとした事前検討、事前準備が大切モーターボートスタートは大きな加速度

何事も事前の準備が大切である。

ところが、何か特別なイベントの場合には念入りな準備をするものの、日常では特に準備という準備をしない人も多い。

私はちょっとした準備に対する心がけが、仕事の成果と効率に大きく影響すると考えている。私は前日の晩、翌日の仕事の予定を考え、どのように進めるかをシミュレーションする。いや、そんなに大げさなものではなく、頭の中で考え、ときに簡単なメモを残す程度である。予習とは違う。何となくの段取りと構想を思

い浮かべるだけである。そして、翌日の出勤途中で昨晩のことを思い出し確認する。その時、また新たな思いつきが生まれることもあり、その場合、追加メモする。

私は仕事の速さ、処理スピードには自信があるが、これも毎日のこの習慣によるところが大きい。確かに、出勤時に何も考えないで職場に行き「さて今日は何をするのかな」と思って仕事をスタートさせるのとは初期スピードが全く違う。

モーターボートレースのスタートをご存じだろうか。

陸上競技のようにスタートラインに並んで準備するのではなく、エンジンをふかし、加速度を付けながらスタートラインに一斉に飛び込むのである。もちろん、フライングは許されないが、スタート合図に合わせるようにスピードを上げながらスタートを切るのである。だから、スタート合図を確認してスタートするのとは初期速度が全く違う。

仕事も初期からのスピードが差を生むのである。しかも、ちょっとであっても事前検討、事前準備の成果として、その後の展開もスムーズに進むのである。まさに効率に直結する。

53

朝は夜より賢い 重要な決断は 朝に行なう

重要な判断をする場合、誰しも慎重にさまざまなことを何度も考え決断する。各々の検討項目について情報を集め、解析し慎重に検討する。しかし、判断に必要なすべての材料は、そろうことはほとんどない。また、どんなにシミュレーションを繰り返しても将来の結果予測はできない。

人生はいつもそのような状況で判断をせざるを得ない。

私は慎重な検討を終えた後の最終決断は、朝にすべきと考えている。もちろん昼型の人間と夜型の人間がいる。朝は苦手で寝起きは悪いが、夜になると目がさえ、朝まで活動する夜型人間は多い。

これは若い時の深夜放送を聴きながらの受験勉強や、夜遅くまで飲み歩いた長年の習慣によるものなのか分からないが、夜型の人でも重要な決断は朝、行った方がよいと思う。

それは朝の自分と夜の自分では朝の方が賢いからである。

最終決断までの慎重な検討は夜に行ってもよい。また、その検討結果に基づく仮の結論は夜に出してもよい。だが、最終的な決断は翌日に回すのである。

そして翌朝、もう一度昨日の検討経緯を想いなぞり復習し、昨夜の結論を検証した後、今の自分によって最終判断を下すのである。

要するに、基礎検討と仮判断は昨夜の自分が担当し、それを朝の賢い自分が検証確認し最終決断するわけである。

生物学的、生理学的にどうかは知らないが、私は朝の方が賢いと信じる。特に、複雑な問題をモヤモヤと思い悩む問題については、夜遅くまで考えていると頭が混線して判断を誤まる危険性が高い。

やはり朝のすっきりした頭で最終判断した方が間違いは少ない。

54

疲れたときは寝るのが一番
気分変われば名案も
ぼやけた頭で考えても仕方がない

人間の緊張感が保てる時間には、限界がある。その仕事に対する緊張度によって、また、その人の体力、体質によってその限界は異なる。

しかし、根を詰めた仕事を長時間継続すると、必ず能率ダウンやミスが生じる。仕事に行き詰る時もある。このような時には精神的にも肉体的にも相当に疲れがたまっている。でも、そう思っていても途中で区切りをつけ仕事をやめるのは難しい。

疲労感を感じながらも、もう少しもう少しとなかなかやめられないことが多い。多少の無理をしても最後までやり遂げる達成感を求めるわけであるが、疲れた頭をフル稼働させて完遂させた仕事の品質は良くない。

翌日に確認すると論理一貫していなかったり、抜けがあったり、矛盾があったりと不満足な場合が多い。そのため、やり直す羽目になるが、簡単な補足、修正で済まない場合も多い。正に不効率そのものである。

そこで、私は疲労感を感じたら思い切って中断し寝るのが一番だと思う。夜ならそのまま就寝、昼なら昼寝である。頭の回復には寝るのが一番である。寝て起きた後、スッキリした頭で再トライである。気分も変わり名案もわいてくるというもの。

状況によっては寝ることができない場合があるかも知れない。その時は、気分転換を考える。おやつを食べたり、ストレッチ体操をしたりと自分なりの効果的手法によって休息することになるが、脳の回復には寝るのが最善である。

ここで重要なことはどの時点で集中している仕事をやめるかである。

私は疲労感を感じたら早めの中断が望ましいと思う。常に冴えた頭で仕事をするのがベストである。

55

ストレスを感じない力
ストレスを解消する力
ストレスをためない工夫を考える

仕事をするにしても、遊ぶにしても何をするにしても心身の健康が第一である。

ところが、ある統計によれば、現代社会において心の健康が危ぶまれる人は、全体の何割もいるとのこと。深刻なことである。人類の発展から考え、この何十年の社会変化は異常だ。恐らく中世の何百年、もしかしたら何千年の変化が一気に起こった感じがする。社会構造が複雑となり、且つ縦横無尽の人間関係も多様化し、しかも、社会変化、スピードの速さは目まぐるしいものがある。

この何十年を考えても仕事のやり方は様変わりである。例えば、東京と大阪間の出張は必ず一泊出張であった。出張先で仕事を終え、ご苦労様と一杯やってホテル泊、翌日に帰るのが当たり前。ところが今は、日帰りが当たり前。いや台湾、韓国の日帰り出張も珍しくはない。他社との交渉ごとでも、社内での検討をまとめて書簡で郵送。ここで一段落でホッと一息。書簡は数日後に先方に着き、先方で社内検討後に返信書面が返ってくるまで一週間〜十日間。ところが今は。メール送信すると一時間後には返信メール。一息つく間が全くない。現代社会は、この連続である。

正にストレス、ストレスの連続銃撃である。我々が搭載している脳は少なくとも千年以上も前のゆったり時代のもの。必死に対応しようと努力しても、とてもついていけない人も出てくる。当然のこと。

そこで、ストレスを受け流しストレスとして感じない、もしストレスを受けても発散し早期に解消する、ストレスをためない能力が大事だ。

その手法は各人異なるが、自分に適した手法を見つけ、とにかく、ストレスをためない。心の健康を保つことを考えるしかない。

56

新しいことは抵抗がある 抵抗を乗り切らないと変えられない 抵抗ストレスを低減する文化比較論

私は転勤、転籍によって何回か企業文化の違う職場を経験した。その度に感じたことは、職場が違うと何でこんなに違うのかということだ。

私の場合、知的財産という同じ仕事だが、同じような人間が同じようなことを同じようにしているのだが、微妙に違うのである。最初に新たな職場のやり方を教わるが、自分達と違うやり方は気になるものである。しかし、相違点については相互に話し合い、合理的な方法を採用すればよいのである。それは転勤や転属の効果でもある。

しかし唯一経験した会社同士の対等合併となると、そう簡単にいかない。両社の差異に合理的意味があればよいが、ほとんど合理的に説明できない差異のものも多い。でも、どちらかに統一しなければならないが、人間は理屈抜きに長年にわたって慣れ親しんできたものに愛着を感じるもの。これを話し合っても決まらない。どちらかにエイと決めるだけである。その際、不採用となった側としては遂行段階で気になりストレスとなる。

例えて言えば、結婚後、嫁が洗濯のパンツを三つ折りにするが、子供の頃から母親は四つ折りだったと。そんなのどっちでもよいこと、でも分かっているが気になって仕方ない。だから新たなことは気になることばかりで、抵抗原因となりストレスになる。

一方、採用された推進側としては、この抵抗を乗り切り統一法を定着しないといけない。従って、不採用側の抵抗ストレスの低減は重要。

この場合、私は両社の差につき不思議だと、興味を持つようにしている。なぜ人間社会で差が生じたのかと文化比較するよう背景や歴史を考える。

その方が相互のストレスの低減に少しは役立つと思う。

57

世間は広い
知らない世界は山ほどある
世間を広く見る
自分の範囲で決めつけない

人は自分の経験を通じて自分の価値観で物事を判断する。それは当然のことである。経験したことのないことや、知らないことをベースに物事を考えることはできない。本当に世間は広く、知らない世界、いや、信じられないような世界も現実にはたくさん存在する。

しかし、我々はいろんなことに興味を持ち、知っているつもりでも案外と同質の狭い社会で生きている。

サラリーマンは、入社試験を通過したその会社基準に合った同質の人々といえる。

まして大学卒業後、大企業に入社し、会社の独身寮に入り、結婚後も社宅生活を送った人においては、会社内文化が私生活まで浸透した同質化人間になる可能性がある。辺りを見回すと会社にも変わった個性的な人がいるように思うが、やはりそこで培われる常識は、一つの企業文化を現わしているに過ぎない。

そして、その会社内において何年かの時間が経過すると、さらに固定された価値観、常識が形成される。そこには実業家や商売人、芸能人もいない。

例えば金銭感覚をとってみても、毎月の小遣いが数千円から数万円の一般的サラリーマンと、数百万円の人では、お金に対する価値観が全く異なり、その生活内容も大きく異なる。小遣いが一万円の人には、数百万円の人の心理、行動は理解できない。

このような価値観、常識は、職種による経済レベルの他、年代、地域、宗教などによっても異なる。要は、その母体となる標準偏差が、そこの常識を決定するのである。だから、世間を広く見る努力が必要なのだ。決めつけてはいけない。

交友関係を広げ他人の話を聞き、また、読書により情報を得ることにより、金持ちの心理を察することも大事なことである。

58

変則的な仕事、人の嫌がる仕事は進んで引き受ける誰も経験ないから部門第一人者知らないうちに一目、置かれる

定型的な日常業務をこなす中で、変則的な仕事が飛び込んできたり、また頼まれたりするのは面倒なものである。

そこで多くの人は、できるだけその仕事を避けようとする。他の人に押し付けたり他部署の人にやらせようとする。このような光景をいくつも見てきた。

しかし、私はこのような変則的な仕事は、若い時から進んで引き受けてきた。

先輩諸氏が仕事の押し付け合いをしていると、「私がやります。私にやらせて下

さい」と積極的に引き受け、先輩諸氏から「悪いね〜。有難う」と感謝された。もちろん私も忙しい時もあり、面倒といえば面倒で、また、初めての経験でどうしてよいか分からないが、私にはいつも考えがあった。分からないことは調べ、聞きまくって、何とかその変則的な仕事をするのである。初めてのことばかりで完璧にはいかないが、でも誰がやっても完璧にはいかないので結果は許されるのである。

この変則的な仕事はたびたび起こらないが、たまには起こるのである。その時が勝負である。2回目に起こった同様な仕事は、誰も経験したことはなく、経験したことがあるのは私一人だけである。そうすると、年齢、職位に関係なく、皆、私に相談に来ることになる。そう、その変則的な仕事に関しては、私が部門第一者なのである。だから私は変則的な仕事、皆が敬遠する仕事を進んで引き受けた。

そのテーマが一つ二つと徐々に増え、知らないうちに同僚、先輩、上司からも一目置かれる部分が拡大したと実感している。だから変則的な仕事は進んでやった方が得である。

59

年齢を気にしない自分で年齢を高齢化せず

日本人は年齢を気にし過ぎると思う。

テレビを観ていても、登場人物紹介の際にやたら年齢表示がされる。その放映内容と全く関連がないのに、なぜか年齢が表示される場合が多い。不思議なことである。まあ大体の年代が視聴者としては分かった方がいい場合もあるが、それも正確な年齢は必要ない。本当に意識し過ぎだと思う。

私は年齢は気にしないことにしている。

実は、若い時は先輩方々が、若さは年齢ではなく気持ちの問題だと話しているのを聞いて、負け惜しみを言っていると思っていたこともあったが、それは事実だと思うようになった。いや、自分のことだけからではなく周囲の人々を見て感じることである。若くても年寄り染みた行動や考えの人もおり、一方、年配でも滅茶苦茶に発想や行動が若い人もいる。実際に年齢はあまり関係ないのである。もちろん、体力や健康は二十代と五十代は当然に異なるが、日常生活では影響がないことが多い。

若さは発想力と行動力だと思う。自分で自分の年齢を気にし過ぎると、本当の若さに悪影響を及ぼすのでよくない。従って、年齢を気にしない方がよい。自分で勝手に歳だと思わないことが大事である。例えばファッションにしても、若作りだとか派手だとか気にしない方がよい。自分で良いと思えば周囲を気にしなくても構わない。他人に迷惑をかけるわけでもないのだから。

また、行動も同様である。例えば、管理職だからとか年輩だからとか自分で決めつけ制限するのも、程度はあるものの良くないことだ。特に、現役で働いている世代は年代に関係なく皆が同じ現役であり、発想力と行動で自分なりの真の年齢を決めた方がよい。

60

仕事の成果は自慢しすぎてはいけない しかし、さりげなくアッピールしないと他人には分からず、その価値も理解できない

自分の業務の成果がはっきりと目に見える仕事は、自分自身にとって労働の成果が自覚できるので羨ましい。例えば、今年の売上額や契約件数が、仕事の実績と連動する営業職は代表的だろう。

しかし、複雑に組織化され細分化された組織の一員として働く多くのサラリーマンにとって、業務実績は分かり難いことが多い。真面目にコツコツ働いているものの、自分の仕事が組織全体でどのような価値を生み出しているのか分からない。

恐らく自分でもよく分からないのだから、他人も分からないと考えるべきである。

これは仕事のやりがいにも影響する。

そんな中で、何とか自分の成果をまとめる工夫が必要である。仕事の内容はさまざまであるが、たとえ単純作業の繰り返しでも、処理時間や処理件数などをカウントすることができるし、特にスタッフ部門の場合、細かいながらも自分なりの工夫や改善があれば、これをメモに蓄積しておくことが大事である。その時その時で、結構小さな工夫をしていても、時間経過とともに忘れてしまうことが多い。

これらの改善項目を記録し、改善件数何件と整理しておくとよい。

これは自分自身にとっての成果確認で、仕事のやりがい、満足感につながる。そして機会があれば、その成果を、上司や周囲の人に対してアピールすることが望ましい。あまり強調しすぎたり、しつこいと反発を食らうこともあるので、さりげなく自慢する程度がベストである。

意外と他人の仕事の成果は分かり難いことを認識し、アピールの仕方を工夫することは大事である。

61

一生懸命努力しないと成功はない
努力しても成功するとは限らず
でも夢を追いかける

人間社会、不平等である。いや、もともと人間は生まれながらに不平等なのである。もちろん、法の前では皆平等だが世の中には大金持ちの子供として生まれる人もいれば、貧乏人の子供として生まれる人もいる。経済的には生まれた時からハンデを背負ってのスタートである。

また会社の仕事においても、比較的達成しやすい目標を掲げられる部署と、難易度の高い目標が掲げられる部署がある。その中で、各々目標に向かって努力している。努力は大きな努力から小さな努力まであるが、いずれにしても努力なしには目標は達成されない。特に難易度の高い目標については、一生懸命に努力しないといけない。何となく思っているだけでは目標は達成されず、自分なりの努力が必要である。

しかし、自分自身だけの努力では無理なものも多い。どんな優秀な人が頑張ってみても、それだけでは及ばないものもある。

すなわち、自分で努力し頑張るのも大切だが、運や巡りあわせ、時代背景などの周囲環境、他人の協力も必要である。このような、自分の領域を超えたものの影響もあることは確かだが、でも自分自身の努力は絶対に必要である。目標達成のため最善を尽くすべきである。

自分の努力なしに成功は期待できない。

一生懸命に努力したからと言って成功するとは限らないが、目標を追いかけるところにロマンがある。たとえ結果的に夢破れても、夢を持ち、達成できると信じて努力する。適当な気持ちではダメ。成功するまで努力を継続。一生懸命が、気合い、迫力につながる。

最終目標は自己実現の歓びである。

第6章
自己成長

62

毎日少しの努力で自分は変えられる変化するから成長する

自分は魚が嫌いだから食べない、宴会は苦手だから出たくないといって、自分の行動を制限する若者が増えているように感じる。また、自分は人づきあいが苦手なので営業職はできないとか、マネージメントを行う管理職はできないとか、やはり自らの活動範囲を狭めている人もいる。

確かに、人間それぞれ好き嫌い、得手不得手がある。しかし、私は特に若いうちは好き嫌いや得手不得手で自分に制限をかけるのは良くないと思う。たとえ嫌いでも不得手でも、少し我慢をしても挑戦すべきである。絶対に自分で自分を決めつけるのはよくない。

人間は知らず知らずのうちに変化するものである。全く変化がなければ成長もない。変化するから成長するのである。

若い時に嫌いだった魚も、ある年代を過ぎてから好きになったなんていうことは、意外とよくある話である。歳いって久しぶりに青春時代の友人と再会すると「変わったな、若い時の君の性格からは想像もつかない」なんていうこともよくある話。

そう、現実に性格も体質も、考え方も変わるのである。

だから今の自分で固定するのはよくない。自分で意識し、苦手なものを克服する努力が必要だ。

だが、普通の人は大きな努力は難しいが、まず「嫌いだから」「苦手だから」といって避けるのをやめるべきである。その意識が第一である。嫌でも苦手でもとにかく、少しでも試していくことが大事である。あまり負担に感じない、小さな努力の継続が大事だ。

嫌いな魚を最初から丸ごと一匹食べようというのではなく、たまには試しに一口つまんでみよう、苦手の宴会だけど途中まででもとりあえず参加してみようとの気持ちが自分を変えていく。

63

がり勉するより ちょっとした 毎日の思考パターンと 行動パターンが自分を大きく変える

常に目標を立て、目標に向かって努力することは素晴らしいことである。将来のなりたい自分をイメージし、それに近づくよう心がけることは大切である。

しかし、現実的には仕事をしながら目標に向けた努力を継続することは難しい。「よし、やるぞ」と意気込んでみても長続きはしないことが多い。私も何度も経験がある。今度こそはと思い、高価な教材を一気に買い込んだものの途中挫折。三日坊主である。

社会的成功を収めた著名人への「成功の秘訣は何だと思いますか」「どのような

努力をしてきた結果だと思いますか」という質問の答えとして「特別なことはしていない、大したことはしてません」という共通性の高い答えがよくある。

これはもともと生まれ持って備えた才能があるということもあるが、それとともに、ひとつひとつ簡単なように見える小さな努力の継続が、成功を導いたケースが多いと感じている。

例えば、「毎日一時間、専門書を読んでいただけですよ」「毎日、ちょっとだけ決まったトレーニングをしてきただけです」とか。これだったら自分にもできるはず。ところが、一日なら簡単にできることも、継続することは難しいものである。

しかし、成功の要因は継続にある。

日々の小さな努力の継続にあることは間違いないのである。そこで、私は思う。自分で負担にならず継続できることを積み重ねていけばよい。がり勉するのではなく、自分で継続できるちょっとした努力が成功につながる。毎日のちょっとした思考パターンと行動パターンが、知らないうちに自分を変えていく。

まさに「継続は力なり」である。

64

自分の得意テーマを設定
それだけで
無意識のうちに自己成長

私は若者に対して、自分の得意テーマを持ちなさいと言っている。

この分野は他人より少し詳しい、ちょっとうるさいと思えるテーマがあるとよい。この専門性のレベルは高い方が望ましいが、自分なりに詳しいと感じるレベルでもよい。要するに、職場における各人の評価につながるのである。

当然に詳しければ、そのことについて尊重され、一目置かれる存在となる。これは職位の上下、若手、ベテランの区別がない人間社会の習性である。従って、この得意テーマはどこでどう役に立つかどうか分からないが、できることなら数多くあった方がよい。

しかし、もっともな話であるが、忙しい仕事の中で勉強するのは容易ではない。何かしなければと分かっていても、結局は何もしないまま時間だけが経過することはよくある話である。

そこで私は、自分で得意になりたいテーマ、または好きなテーマを自分で設定しなさいと勧めている。自分は○○について詳しくなりたい、自分は○○分野はちょっと詳しいと、自分で勝手に思い込むテーマを決めるのである。これだけで一年経つと結構、詳しくなるのである。手品にみたいな感じだが本当である。

これは自分で意識することにより身の回りの情報を無意識的に取り入れるようになるからである。

例えば、自分の奥さんが妊娠すると、今まで普段の生活の中で気にならなかった妊婦が、やたらと目につくようになるのと同じで、自分でテーマを決めることにより自然と目が留まり、関心を抱くようになるのである。

今まで見逃していた情報が知らず知らずに蓄積され、結果的に自己成長につながるのである。

65

目標とする身近な先輩を見つける良いところ、悪いところを含め三年後、五年後、十年後の自分をイメージ

人生も会社生活も長い。将来自分がどうなりたいか、どのように成長したいかを考え、将来の自分の姿をイメージしておくことは必要だ。

その際、目標とする先輩が身近にいるとよい。目標とする先輩を目指し毎日の生活が送れることは幸せである。しかし、なかなかすべて理想となる人は存在しない。人はそれぞれ違うので当然である。

そこで、何人かの先輩を複合した形で自分の理想像を作ることを勧めたい。例えば、比較的自分の目標イメージに合致する先輩A氏を軸とし、A先輩のこの部

分とこの部分は絶対に見習い、且つB先輩のあの部分を取り込み、C先輩のこの部分は何があってもまねしないと。このように何人かの人を複合する形で、目標とする人物像を形成するとよい。

自分が目標とする良い点だけでなく、まねしたくない悪い点についても意識しておくことが大切である。この意識は日常生活の中で極めて重要である。この意識が薄い場合、将来なりたくない自分に、知らないうちに変化する危険性がある。日頃から上司の問題を認識し常に課題を指摘していた当人が、その上司の立場になった途端、前任の上司と同じ問題を繰り返し、周囲から期待外れのレッテルを貼られることもままある。これは絶対にあんな上司にはならない、との意識が薄かった証である。

目標とする先輩は、自分の成長に伴って何人かいた方がよい。近い将来の三年後から十年後、二十年後とその年代に合わせた人物像を目標に描けるのが望ましい。三年経ったらAさん、十年経ったらDさん、二十年経ったらEさんと年代を追ってみるとよい。

66

人は経験によって成長する 経験の幅を広げるのに 想像力と読書は必要

人は何によって成長するか、人材育成の手法がいろいろと研究されている。

企業においても社員に対する研修会が行われている。知識研修やスキル研修の場合には、今まで知らなかったことを知った、できなかったことができるようになったと、その研修効果は明白であるが、一方、判断、考え方、物事のとらえ方、目標設定などのマインド研修の場合には、その研修効果は直ちに出ないばかりか将来においても個々の研修との因果関係は分からない。

私は人は経験によって成長するものと信じる。しかし、一人の人間が経験できる範囲は狭く、一本道であるといってよい。この一本道の中で可能な限りの経験を積むことが大切である。

そのため、人材育成としては新たな経験を積ませる配慮が重要である。すなわち、同じことを繰り返し行う仕事の中でも変化を持たせた取り組みに心がけ幅を広げる努力が必要である。しかし、その幅を広げる努力にも限界がある。

そこで、その限界を乗り越えるのが想像力と読書である。ていないが、自らの想像力（空想力）によって、または読書によって、自ら経験したような雰囲気・気分となるのである。要はバーチャル体験である。あたかも本当に自分自身がその体験をしたような思いを得るのである。

これは、他人の話を聴いたり、映画、ビデオを観ても同様な効果が得られる。そうすることにより自分の一本道が何十本、何百本、何千本にもなるのである。

ここで大事なのは、常にバーチャル体験として自分に取り込もうとする姿勢である。この姿勢がないと、いくらバーチャル体験しても効果は薄い。

67

良かったこと　悪かったこと　つまらなくて無駄と思われたことも貴重な経験　すべての経験は人生に何らかの影響を与える

人生の経験に無駄なことはない。「今日は全く成果が出なかった」「何のためにやってきたのか分からない」とボヤクときがある。講演会を聴きに行って「今日の話はつまらなかった」「内容がなかった」と落胆するときもある。このような場合でも、全く役に立たなかったかと考えるとそうでもない。

確かに、そのときの目的からすれば不十分であっても、長い人生の中では自己成長に必ず影響を与え、何らかの役に立つものである。それは自分でも気づかないし、いつどのように役立つのかも分からない。その因果関係は永久に分からないかも知れない。

しかし、役には立っている。人生経験とはそういうものであると信じる。むしろ人生は、すべて思い通り期待するように進行しない部分の方が役に立つものである。

いずれにしても思い通りにはならないものだが、良かったことも悪かったことも、自分自身の貴重な経験なのである。だが、その経験をプラス方向に活かす工夫があった方がよい。それはその経験を自分としてどう受け止め、どう役立たせるかである。

例えば、成果が出なかった場合、どうしてなんだと理由を考える切っかけを与えられたと受け止めれば、非常に良い経験をしたということになる。また、つまらない話を聴いた場合、もし自分で話すとしたらどう話すか、どういう話し方をしたら分かりやすいかを考えながら聴けば、自分のためになる。「反面教師」という言葉があるが、良くない事例に直面した時、どう前向きに受け止めるかがポイントである。

前向きに受け止めれば良い教師となり、自分にとって大きなプラスとなる。

68

何でも経験　雑用は進んで行う
雑用という仕事はない
今に役立つもの

私は会社に入り40歳近くまで、職場の中で常に一番年下の若手であった。

職場だけではないが、人間組織では色々な役割担当がある。忘年会、新年会、歓送迎会、職場旅行など、懇親会の幹事も大切な仕事であるが、常に若手の私が担当した。これらは頻繁にある行事ではないが、何かあると私に声がかかった。

初期においては面倒に感じたこともあったが、この幹事役は意外と新たな発見もあり、楽しいものだと快く引き受けた。

例えば、懇親会の場合、会場探しから料理内容、席順、乾杯、挨拶、酒宴の進行、アトラクション、会費の負担、二次会などを自分の好きなように考えプロデュースすることができる。要するに、非日常的な内容を自分で企画立案し、且つ実行することができるのである。

確かに、本来の仕事外で面倒なことをやらされると思えばそうだが、それは受け止め方の問題。普段、あまり話すことのできない偉い人と直接対応したり、自分の趣向を取り入れたアトラクションを組み込んだりと幹事役は結構楽しめた。

また工場勤務では、職場単位で選出することになっている各種委員を独占した。他に誰もいないので仕方ないのである。忙しいのに何でもかんでもである。親睦会委員に始まって安全委員、消防委員、図書委員などすべて。若手の多い他部署では有り得ないことである。

しかし、私は拒否はしなかった。すべて自分なりに楽しんでやった。

多くの委員と親しくなり、組織運営の良い点、悪い点を含めてのカラクリを学習し、これらが後々のサラリーマン人生の肥やしとなって本当に良かったと思っている。

だから、雑用と思える仕事も拒まず引き受けた方が得である。

69

去年より今年 今年より来年 少しずつでも着実に前進

「十年一日の如く」という言葉があるが、同じ仕事を長くしていると慣れてしまって、同じことを同じように繰り返す日々が続く。そして、その同じことを繰り返していることに何の疑問も感じなくなる。人間の順応性は素晴らしいと言えるが、その部分の進歩は停止状態である。

私は歴史は進歩すべきと考える。部分的にでも少しでも改善、進歩がないといけない。定型的な仕事を繰り返す中でもより良い方策を考え、また、課題、問題点を発見していかないと進歩はない。理想と現実には大きなギャップがあることも多いが、一挙に改善できなくても少しずつでも改善、改良を積み上げていく努力が必要である。

少なくとも現実的に目に見える改善、改良効果が現れなくてもその努力は意義あることである。

ところが、長年にわたってちゃんとやってきた人は、自分が手を抜かず守り通してきたとの自信と誇りがあるため、保守的になって改良を阻害する場合がある。もちろん、仕事において決まった手順を確実に守って実行することは、プロとして大事なことである。そのこと自体は高く評価されるべきである。

しかし、その決まった手法を繰り返す中でも進歩は必要だ。さらに定型的な仕事以外では、達成の難しい新たな目標や課題解決においても着実に前進させることが必要だ。

目標達成に向けた日々の努力が必要であるが、そのアプローチも工夫しなければならない。今までと同じアプローチを繰り返していてはいけない。従来と異なる手法が必要だ。

日進月歩。去年よりも今年、今年より来年と着実に前進させたいものである。

70

人間いつの間にか無自覚のうちに成長する 今の自分と過去の自分を対比 自らの成長を確認し自信につなげよう

自分自身の成長は自分で実感できる部分と実感できない部分がある。

人間の能力は素晴らしいもので、自分でも気がつかないうちに相当レベルの成長を遂げるものだ。例えば三年前や一年前の自分を思い浮かべて現在と比較すると自分自身の変化、すなわち成長に驚く。新入社員も一年過ぎると見違えるように立派に成長するが、成長率は若干異なるものの何年経っても成長はする。しかし、日常業務は毎日少しずつ連続的に変化するので、自分では気がつき難いものである。

そこで、私は時々振り返って自分の成長を確認することを勧めている。この夕イミングとしては新年の正月か、新年度の四月がよい。去年の自分と今の自分とを比較するのである。去年の自分と何が違っているか、どこが違っているか、どれだけ成長したかを。

一年前を思い浮かべ色々と考えてみると、結構成長したと思える部分が見つかるものである。以前は周囲に聞きながら、教えてもらいながら、また、不安な気持ちでやっていた仕事も、今では何気なく普通にこなしていることに気がつく。いつの間にか普通にできるようになった仕事については、人間の高い順応性から特に成長に気がつかないものだ。だが、間違いなく成長している。

この成長を自分自身で確認し、それによって自信をつけて、さらに良い仕事をしていくのが理想である。一般的に年代とともに成長率は低下するが、過去の経験と知識だけに頼って仕事をしていると成長は停滞する。

いくつになっても多少なりとも成長は続けたいものである。毎年、去年の自分との対比を行うことは、成長を続ける自分を維持することを目指すことにもなるのである。

71

しっかりと教わり　しっかり盗む
盗めば自分のものに消化
もはや自分のオリジナルに

昔から伝統芸の世界では、内弟子制度が一般的であった。

弟子入りすると師匠の自宅に住み込み、師匠の身の回りの世話をする。掃除、洗濯、買い物、師匠の着替えなど、さまざまな日常生活の世話をしながら、時間の合間に稽古をつけてもらう。いや、師匠によっては特別な稽古もしない。その環境の中で弟子は師匠の技、奥義を盗み取って成長するのである。

このような人材育成手法は直ちに理解できない部分もあるが、事実としてこの手法から多くの名人から多くの名人が生まれているのである。この事実を考えると、人材育成とは教える側も重要だが教わる側の問題が大きいと思う。

上司、先輩から教わることはしっかり教わることが大切だが、受け身であってはその効果は薄い。常に上司、先輩から盗み取るのだとの意識を持つことが極めて大事だ。そこには自らの能動性が生まれる。実は、これは日常情報と接する場合も同様である。

例えば、他人の話を聞く、本を読む、テレビを観る、これらの入手情報を自分なりの視点で盗み取る気持ちが能動性につながる。その結果、情報の理解度が増すだけでなく、自分の頭に自分のものとして収まるのである。

素人解釈だが受け身で聞いた情報と、自分で盗み取った情報の、脳への記憶箇所が異なるような気がする。そして自分のものとして記憶された情報は脳内で熟成されると、いつしか他人からの受け売りではなく自分のものとして消化される。この時、もはや他人から盗んだものそのものではなく、自分のオリジナルとなるのである。

従って、教わる側としてはしっかりと教わりしっかり盗む姿勢が極めて大事なのである。

72

90%努力の継続が一番
頑張り過ぎない努力の継続
時に150%パワーも発揮

何事においても常に全力投球だと、疲れてしまい長続きしない。しかし、いつも適当にやっていると良い成果が出ず、また、いざというとき実力が発揮できない。相反することで難しいのが人生である。

私は若い時や担当初期の全力投球は必要だと思う。何が何だか分からず我武者羅に頑張る時代があった方がよいと思う。その時は大変でボヤいていたとしても、後から考えるとその中で何か大切なものがつかめることが多い。

従って、ただひたすら頑張る時代は貴重な経験となると確信する。しかし、ある程度のレベルに到達したら90％程度の努力の継続が一番だと思う。要は、あまり頑張り過ぎず努力を継続することだ。

周囲を見渡すと過去の経験と知識に胡坐《あぐら》をかき努力を忘れている人も多く見受けられる。常に努力は継続しなければならない。そのコツが90％の努力である。ある程度、余裕をもって努力していると疲労感も少ない。だから継続も可能なのだ。

余裕の中から良いアイデアも生まれてくるし、努力の継続によって自己レベルも向上し、より良い仕事ができる。全力投球してきた人に余裕を持てと言っても難しいこともあるが、この余裕はちょっとした仕事の仕方を変化させることによより得られるものである。

例えば、ラッシュアワーの満員電車で、ほんの何人かの乗客が降りただけでも相当の余裕を感じることがあるが、仕事も同じである。とは言っても重要局面においては150％の努力をしなければならない時もある。

その場合は、期間限定の非常事態なのでパワー全開で頑張る必要があることは言うまでもない。

73

多くの具体例、事例を覚えてもダメ 抽象化し一般理論として理解しないと役立たない

物事を正確に理解し、分類分けし、体系的に頭脳に収納する。そして必要な場面に遭遇したとき、必要な情報が頭の中からポンと飛び出してくるのが理想である。

そのためには、可能な限り情報を抽象化した一般理論として体系化し、頭に入れておかなければならない。他人の話を聞いて物事を正確に理解する場合、具体例や事例を挙げてもらった方がイメージがしやすい。

しかし、この場合の具体例や事例は、あくまで物事を抽象化し、一般理論として理解するための補助手段である。従って、その例は数多くは不要である。ところが、時々、数多くの例を求める人がいる。

この傾向は不思議なことに学力が優秀な人に多い気がする。これは恐らく頭脳の記憶容量が大きいためではないかと思う。多くの具体例や事例を覚えたとしてもそれだけでは実践上は役立たない。ゴッチャになった子供の玩具箱と一緒で、箱の中に無数の例が記憶されていたとして必要な時にポンと出てこなければ始まらない。

要は、整理された状態で保管されていないとダメなのである。抽象化した一般論として、整理した形で頭に収納しておく必要がある。また、いくら数多くの例を覚えたとしても、今後将来にわたって全く同一の事案は発生しない。たとえ類似事案であっても、若干、前提や周辺状況が異なるのである。従って、例をそのまま応用できることはない。だから、たくさんの例を覚えてみても意味がないのである。

すなわち、例そのものが大事なのではなく、物事の考え方や教訓を抽象化し、一般理論として理解しておかないと将来の役には立たない。この理解の能力は重要である。

74

人間同士刺激し合って成長する部下を育てるのは上司の責任上司を育てるのは部下の責任

会社における人材育成が叫ばれている。人材育成のための教育体系や研修カリキュラムが検討され実践されている。私は人材育成の基本は自己啓発とＯＪＴ（＝オン・ザ・ジョブトレーニング。実践を通したトレーニング）だと考える。

自己啓発は本人の問題であり、上司としてはその環境を作ることと機会を提供することになる。ＯＪＴは日常業務の中で、先輩、上司が具体的な仕事のやり方や考え方を教えることになる。

しっかりと教えて部下を育てるのは上司の責任である。これは一般的に言われていることだが、私は逆に上司を育てるのは部下の責任であると長いサラリーマン生活の中で内心、思ってきた。

部下が上司を育てる、とは奇妙に感じるかも知れないが、子育てにおいて親が子供から学ぶことは意外と多いものである。それと同じく上司も部下から学ぶことも結構ある。それは主に部下の質問や問提起によることが多い。

例えば部下から、「この仕事の目的は何でしょうか」「この作業によって何がどういう風に変化するのでしょうか」「違う手法の方がよいと思いますが、この手法のほうがよいのでしょうか」等々の質問を受けると、上司も案外に分かっていたつもりが曖昧な理解のときもあり、その質問をきっかけに再度考え直し、頭の整理ができたり、調べ直し、ちゃんと理解できたり、また、それをベースに自分なりに新たな考えが生まれたりする。

上司であっても部下から影響を受けることは間違いない。上司から指導を受けながら自ら成長するとともに、上司に対しても刺激を与え、相互に育つのが理想である。

75

長所を伸ばし　短所を克服ある年代からは長所を伸ばすことに注力すべし

人間、誰しも長所と短所がある。短所は克服し解消するのが望ましい。特に若い時代、短所を克服する努力をすべきである。

しかし、人には得意、不得意があるのは事実で、少々のことでは克服できない短所もある。短所は業務遂行上の欠点となる場合もあるが、自分なりの努力をしてきてもどうしようもない場合、私は長所を伸ばす努力に注力した方がよいと思う。

努力してきても克服できない苦手なことを、さらに一生懸命に努力しても改善余地は少ない。それよりも得意な長所をさらに伸ばす努力をした方が、人生にとって得である。しかし、ここで問題なのは長所の認識である。

一般的に自分の長所と短所を考えると、圧倒的に短所が多く、長所が分からない場合もある。自分にとっての得意分野を見定めることが第一。そして磨きをかけるのである。特に40歳以上の年代からは長所を伸ばすことに力点をおいた方がよい。

もちろん、短所についても克服努力は一応した方がよいが、短所、苦手部分は他人の力を借りるようにしたらよい。他人の協力を得るためには、自分の短所の認識を明確化することが必要だ。任せる部分は任せる、協力を仰ぐ部分は協力してもらうと、明確に自分自身で認識することが大事である。

この認識が甘いと中途半端になってしまう危険性がある。また、不思議なことに長所を伸ばしていくと徐々に短所が目立たなくなるのである。

決して短所が消えるわけではないが、その人の全体能力として長所が浮き上がってくるので相対的に短所が薄くなるのである。

ある年代になったら無駄な抵抗はせず、良い点を活かすことを優先させるのが人生としてはよいと考える。

76

人間の考え方や趣向は変化する 絶対ダメと決めつけない 変化は成長である

子供の頃に苦手だったもの、嫌いだったものが、ある年代から好きになることはしばしばある。

例えば、食べ物。子供のとき魚は嫌いだった。特に小骨の多い煮魚は嫌で仕方なかった。おかずに出て残すと半分は嫌々でも食べさせられた。しかし、ある年代からは何の抵抗もなくなった、むしろ好物となった。

私は食べ物だけでなく、その他嗜好や考え方などは変化するものだと思う。もちろんすべてではないが、多くは時間経過によって変化するものなのだ。その時は絶対と思っていたことでも、知らないうちに変わるものである。

それは自分自身が成長した証である。逆に何も変わらないということは成長がないということにもなる。変化の原因は自分自身の積極的な変化だけでなく、周辺環境が変化したことによって自分が変わる場合もある。いずれにしても変わったのである。

近頃の若者を見ていると自分の考え方や趣向を絶対的と決めつけている人が増えているように思う。「自分はこう考えるのでこれは絶対しない」「これは嫌いなので一切食べない」とか、頑固オヤジを連想するような若者に出会う。

飽食の時代に育った豊かで幸せな世代だからなのか分からないが、私は若い時は物事を決めつける行動は望ましくないと考える。たとえ自分では嫌いな場合でも、どんなものでも試しに少しはやってみる柔軟性が大切だと思う。

たとえ嫌いな食べ物であっても、ちょっとだけつまんでみることが必要だ。すべて拒否し、何も試さなければ何も始まらない。そんな若くして悟りの世界に達することは滅多にない。「ちょっと試しに」との姿勢が自らの成長につながり、知らない未知の自分に導く可能性がある。

第7章
リーダー心得

77

リーダーの役目は最大限の組織力の発揮部下を悪く言っても始らない達成度80%ならば感謝の気持ちを

リーダーの役割は、目標に向かって組織の総合力を最大限に発揮させることである。もちろん、自分自身のプレーヤーとしての能力も必要だが、それとともに組織の方向性を示し、部下全員が目標に向かい邁進するマネージメントが大事である。

部下のひとり一人に指示を与え、全体としての総合力を高めることになるが、現実には戦力として必ずしも十分な部下がそろっているとは限らない。だから、思い通りに働いてくれない部下に対し愚痴がでる。「何でちゃんとやってくれないのか」「あれだけ言ったのにできていないのか」「全く頼りにならない」なんていう台詞をよく聞くが、文句を言って何とか改善すればよいが、文句を言ってもどうにもならないのである。

一流選手がそろった超一流のチームならいざ知らず、現実にはそのような理想的な組織はあり得ない。プロ野球チームでも完全なメンバーは存在しない。まして会社の組織である。当然、完全であるはずがない。

そうすると、やはりリーダーは現有メンバーにおいて総合力を最大限に高めることを考えなくてはならない。仕事の目的や意義を理解してもらい、意識づけを十分に行うとともに業務遂行に関する指示や注意点を正確に指示しなければならない。

自分が分かっていても相手が分かるかどうかは別問題。やさしく丁寧な説明、指示が必要である。もし相手が理解不十分だったとしたら、それは相手が悪いのではなく自分の努力不足と思わないと前進はない。違う人間なのだから、お願いした60％達成でＯＫ、「有難う」、80％以上なら「感謝」との気持ちが大事である。

どうも自分ができる人ほど他人への説明が不十分で、感謝の気持ちが薄い傾向がある。やはり感謝の気持ちが大事である。

78

リーダーは自ら先頭に立って行動し手本を示すべき理論だけでは信頼は得られない

組織の規模、機能などによってリーダーの果たすべき役割は異なる。

例えば、戦国時代の戦いにおいても、大将自らが部下を引き連れ、敵陣に先頭に立って挑む場合と、大将は後方にドンと控え、前線の部下達に指示を出す場合がある。しかし、大将が前線に出て行って討ち死でもしたら大変なことになるし、また大将が後方で偉そうに命令だけ下していたのでは全体の士気が上がらない。

どちらも正しい姿の大将であり正解はない。この前提で組織のリーダーはいかにあるべきかを考えると、私は少なくとも実務部隊を束ねるリーダーは、自ら先頭に立って行動すべきと思う。理論だけで指示していたのでは部下の信頼は得られず、結局のところ気迫の籠った仕事はできないと思う。

以前、こんな話があった。真面目で優秀な部下、ある問題に関して理屈は完全に理解しているものの、具体的にどうしてよいか分からず。そこで、上司にどうか「お手本を示して」と。上司困り躊躇《ちゅうちょ》。この場合、やはり難しい問題であっても、お手本を示せるかどうかがポイントである。

ここで「うるさい、自分で考えろ」と突っぱねる上司は信頼が得られない。「もしかしてこの上司、自分でもできないことを部下に要求しているの」と思われても仕方がない。一方、ここでお手本を示せれば「さすが上司」となる。

私は長年、実務部隊のリーダーを勤めてきた経験から、リーダーはいつも部下と同じ目線で存在し、率先して行動する方が組織として気迫ある仕事ができるものと信じている。

但し、これは日本の企業組織だけであって欧米型組織では必ずしも通用しない。

79

皆の意見を聞いていては始まらない
意見を聞くことは大事
しかしリーダーの見識により判断

物事を進めるに当たり、広く皆の意見を聞くことは大事である。知らなかった新事実が後から判明し、そうだったら判断が違っていたということにならないよう気をつけなければならない。判断に許容される時間の範囲で、可能な限り必要情報を収集することが求められる。この情報源として関係者の意見を聴取することは当然のことである。

ところが、大勢の意見を聞けば聞くほど判断に迷う場合もある。それらの意見には相反する考え方が存在する場合があり、それぞれの意見を理解し、何とか調和させようとしても無理な場合がある。

その場合、リーダーは自分の経験による見識で判断しなければならない。判断はリーダーの重要な仕事である。限られた範囲で可能な限りの情報を収集した上で判断する。当然、分からないこともある。将来の結果は誰にも分からないことである。それでも判断しなければいけない厳しい役目である。従って、常に正しい判断ができるとは限らない。その判断が適切だったかどうかは後にならないと分からない。

私は、判断は誤まる可能性があるのが当然だと考えてすべきだと思う。別に開き直っているわけではない。だから、判断確率を上げるための情報収集が大切であり、また、誤まった時の対処が大事であると思う。

誤まったと気づいたときには直ちに判断を修正することが重要である。面子や格好を気にせず、元に戻って判断を変えればよい。判断ミスに気がつきながら何もしないのは良くない。

誤りを素直に認め自分のミスを謝り、新たな判断に修正することが最善である。判断ミスの反省を込めた言いわけはしてもよいが、前向きに行動すべきである。

80

物事すべては多数決では決められない アンケート結果はいい加減なもの

民主主義は多数決が原則である。皆の意見を聞いて、皆の意向に従って物事を決めることは大切である。特定の人の独断で物事を決めるのはよくないことである。しかしそれは、決定しようとする事案について、正しい知識と理解があっての前提である。

不十分な中では正しい状況判断はできない。皆が中途半端な理解の下、何となくの思いで判断をしたら、その結論はおかしなものになる。

人間は本来的に、客観的判断よりも自己都合による偏った判断を優先する傾向があるので注意する必要がある。

特に、会社の業務判断においてはその傾向が強い。従って、仮に皆が反対したとしても、責任者の経験と見識に基づいた判断を優先させなければならない。この際の責任者の判断は重たいものである。そして、その判断を皆に十分に説明し、説得する必要がある。

説明不十分だと、後々の皆の協力が得られなくなる危険性がある。この場合、皆が納得するかどうか、また納得不十分でも協力が得られるかどうかは相互の信頼関係によるところが大きい。

大勢の人の意見を聞き、判断の材料とするためアンケート調査を行うときがあるが、私はアンケート調査は好まない。

なぜなら、アンケートは聞き方、設問の仕方によって結果がかなり変わってくるのである。要は、聞き方次第で回答は左右されるのである。どういう聞き方をしても回答が左右されない実態調査だけならばよいが、人の気持ちや考え方を反映する内容については、アンケートはいい加減なものである。

逆にいうと都合の良いように恣意的にアンケート結果を誘導することも可能なのである。

81

新人から社長まで誰と話すときでも同じ自分の思い、考え方は相手によって変わらない

日常生活では、話す相手によって話し方を変えるのが普通である。会社でも同様である。上司、先輩など目上の人やお客様に対しては丁寧な言葉遣いとなり、同僚や後輩などにはフランクな言い方となる。

しかし、単に話し方の問題だけではなく、話の内容も変わる人も多い。一般的には、上にはおべんちゃらを言い、下には厳しいことを言うのがサラリーマンの傾向。下に厳しいことを言っている課長でも、上には言うべきことをちゃんと言ってくれない。

部下としては、いつも「なんで課長は部長にはっきりと言ってくれないの」なんてストレスを感じる。私もそのような光景をたくさん見てきた。

そこで私は、部下を持つようになった年代から、できるだけ誰に対しても同じように話すように心がけている。

たとえ目上の人であっても、話を聞いていて分からないことは分からないと聞き返し、おかしいと疑問を感じたことはおかしいと言い、主張すべき自分の意見がある場合にはその意見を伝達する。相手が誰だからといって変わらない。自分なりに素直に考え、単純な思いを話す。

たとえ相手が社長もあっても、大臣、高級官僚であっても同じである。そのため、あんなに偉い人に対して大胆に物申すとか、ときには失礼だとか言われることもある。しかし、私としては失礼しているわけでもなく自然である。

もちろん、偉い人、目上の人に対する敬意は変わらない。また、相手による話し方も極端には変えない。この基本は、皆、同じ人間同士、誰にも親しみを込め一定の丁寧さで話すことにしている。

82

自分の得意と不得意を認識し、不得意なところは他人に任せ、また協力を得る

人間誰しも完璧な人はいない。得意な部分もあれば苦手な部分もある。その程度には個人差があり、優秀な人は得意部分の幅が広く、その得意レベルも高いが、必ず弱点もある。しかし、優秀な人は物事の理解も早く、大抵のことは器用にこなすので、意外と自分の不得意部分を認識していないことがある。

これは過去の経験からほとんどのことが何とかなってきたので、無意識のうちに自信からくるものだ。

だから、本当は不得意なことでも自らの苦手に感じることなく一生懸命に理解しようとする。それは悪いことではないが、実際の仕事では多様な能力を有する

多くの人が協業して働いている。従って、不得意なことは得意な人に任せた方が効率的である場合もある。苦手な人が無理して努力するのは不効率である。

若手の経験のために無理してやらせることは教育上、必要な場合もあるが、ある年代以上になったベテランが無理する必要はない。いや、無理することは組織運営の見地からよくない。

やはり、不得意なところは得意な他人に任せることが必要である。変なプライドも捨てた方がよい。またその方が多くの人の協力を得ることができ、最終成果としてはより良い結果が得られる。

だが、これも簡単なようだが難しいことが多い。それは、その人の性格によるところも大きいが、自分自身の不得意部分の認識ができていないことが原因である。

ある年代以上になったら、苦手な点は無駄な抵抗はしないで、得意な有能な人に任せることが重要である。

その方が仕事が効率的に進むだけでなく、人材育成の面からも望ましい。

83

難しいことを言って相手に理解してもらえなければ何も始まらない

コミュニケーション能力がどこの世界でも求められる。

現代社会では、多くの人と人が関連性をもって仕事をしている。その仕事の内容はさまざまだが、単に一人で活動している人は極めて少なく、ほとんどの人は、人と人をつなぐ情報操作を仕事としている。従って正確な情報伝達は、現代社会のあらゆる部署で重要である。情報が伝わらなかったり、曖昧な情報伝達であったり、誤った情報伝達では困るのである。

そこで、効率的な情報伝達が必要となる。

同じ日本人同士でも普通に会話すれば簡単に通じ合える部分も多いが、ちょっと複雑になると難しいことも多い。「彼に難しい話をしてもなかなか通じない」「彼女と議論するとなぜかこじれてしまう」などということがある。

どうしてか分からないが話が、すぐに通じやすい人、そうでない人、これは聞く側の個性と能力以上に話す側に問題があることが多い。自分がこれだけ話しても相手は理解できないから相手が馬鹿だ、と言ってみても相手の理解は得られないままである。

やはり自分の言い方が悪いのか、相手にとって親切で丁寧ではないのかと、こちらが反省し工夫しないと進展はない。

だから、私は相手に理解してもらうことを第一に考えて話をする。話す側の満足感ではなく、聞く側の満足感を考える。そうでないと、いくら良い話でも大事な話でも、相手に正確に分かってもらえなければ意味はない。

正確な情報伝達、コミュニケーション能力の基本である。そのためには話す本人が要点を正確に理解していないと始まらない。

84

一方の意見で判断すると誤まる
計画書・企画書も反対者を探し
反対意見を聞いた上で
冷静に判断する

対立する意見や主張があってどちらかに判断を下さなければならない場合、両者の意見、主張を聞いて判断する必要があることは当然である。

例えば、喧嘩の仲裁をする場合も、一方だけの意見を聞いて判断してはいけない。たとえ一方の当事者の話を聞いてもっともだと思っても、他方の意見も聞かないといけない。鵜呑みは禁物である。聞いてみると予想もしなかった意外な事実が分かる場合もある。

ビジネスの世界での計画書、企画書、提案書も同様である。但し、これらの場合は通常、提案者の一方的な意見を聞くだけになることがほとんどである。提案者の意見、主張の妥当性を、聞く側の判断者が確認しなければならない。自分が気がつく範囲で一般的な質問をして確認はするものの、自信のもてないところも多い。部長や社長だからといってもすべての分野について経験、知識があるわけではなく、勘も働かない場合もあり、判断できないのは必然である。

要するに、誰だって判断能力に限界があることはある。だからといって現実の仕事では判断をしなかったり、先延ばしはできない。判断をしないことは拒絶していることと同じであり、ビジネス上は許されない。

そこで、私は提案者にいつも言っている。貴方の意見に反対する人を探してきて欲しいと。そして双方で提案に賛成・反対の議論、ディベートを展開し、それを判断者に聞かせてもらいたい。判断者は双方の意見をじっくり聞いて判断する。そうすると一方の熱心な主張により大事なことを見落としたとか、気づかなかったとかの、後からの失敗は避けられることになる。

常に、反対者の意見を聞いて冷静に判断することが大事である。

85

他人を育てようとする場合、自分を上回る人間に育てようとの想いが大切

企業における人材育成は重要である。

かつて松下幸之助氏は「松下電産は何を作る会社かと聞かれたら人を創る会社で、電気製品も一緒に作っています」と答えるよう話していたと言われている。

また、戦国武将の武田信玄は「人は石垣、人は城」と人材の重要性を謳っている。

古くから人材育成の重要性は認識され、近年、どこでも人材育成に力を入れているが、その現状はさまざまである。対象とする人材のレベル、内容により、その取り組み方は異なる。

一般的に知識教育やスキル教育は比較的容易であり、その教育効果も判定可能であるが、リーダー層や専門職層に対する考え方やマインド教育となると、その

取り組み方のセオリーは存在せず、教育効果を測る手法も存在しない。ただ、指導者側が一生懸命に教育するしかない。

そうすると当然、教える側のレベル、教わる側のレベル、両者の相性などによって教育手法が異なる。

共通して言えることは、さまざまな工夫を凝らし情熱を注いで育てるだけである。この際に大事なことは、本当に育てようとする熱い気持ちである。

普通、先生は生徒よりも優れている、先輩は後輩より優れていると勘違いしがちだが、たまたま先に生まれたからといって優秀だということは有り得ない。当然のことである。私は考え方やマインド教育の場合に大事なのは、教える側の意識と熱意だと思う。

何とか自分を上回る人間に育てようとの想いが出発点。育て上げるまであの手この手を駆使し、教育をあきらめないことが不可欠だ。

「この人はこの程度で限界だ」と見切ってしまえば、それ以上のものは何も期待できない。結果はどうなるかは分からないが、一生懸命努力するのみだ。

86

過去の経験、知識、ノウハウを無償公開 後輩の成長を想う無償の愛

長年にわたって自分が苦労して得た知識や知見をそう簡単に後輩には教えられない。まして、自分なりに編み出した奥義《おうぎ》ともいうべき貴重で価値あるノウハウは教えられない。私はある年代までこう考えていた。

このような考えは特に変わったものではなく、一般サラリーマンにとっても普通だと思うし、歴史的にみても自然のことである。

一般論として、知識、経験、技、ノウハウすべてを開示し他人を教育することは、その人の相対的ステータスを低下させる。真に大事なノウハウは公開せず、問題発生時に困った場合のみ、要請に応え黙って解決した方が尊重されるのである。あの人に頼むとなぜか解決、頼りになる、素晴らしいと。ミステリーにしておい

た方が得なのである。

だが反対に、すべて公開してしまうと手品の種明かしみたいなもので、その本人の相対的な存在価値は低下する。

このような人間としての本能がある中で、近年、人材育成が叫ばれているわけだが、実態はどうのように変化しているだろうか。全般的には種々のセミナーなどが多く開催され、企業内においても知識教育、マニュアル教育は出し惜しみせず丁寧に教えられる環境となったと理解している。

最終的には上司、先輩が長年かかって到達し、編み出したノウハウまでも教えられれば完璧である。最近、技術伝承が問題となっている産業分野もあり企業としても必死となっている。

私は四十代半ばから自分の考えを転換した。すべて無償公開、自分の考え方、技、ノウハウを書面にまとめ教育に注力した。多くの後輩に理解してもらい、さらに成長してもらうことが大事だと思った。

それは後輩を思う無償の愛だと信じている。

87

物事を他人に教えるときには、そのやり方だけでなく考え方や背景も一緒に教えること理念や思想を伝えることはできない

人材育成の基本はＯＪＴと自己啓発である。先輩、上司は後輩、部下のＯＪＴに努めるとともに、自己啓発を促すよう心がけなければならないが、最も大切なのはＯＪＴだと思う。皆、最初は分からないことばかりなので、先輩、上司に教えてもらいながら学習し成長していく。だが、私はＯＪＴは個人差が極めて大きいと考える。昔からＯＪＴという名の放任主義との言葉もあり、一応の仕事のやり方やテクニックを教えるだけでは不十分である。

物事を教える場合、可能な限り、やり方、テクニックとともに、その目的や背景、

考え方も一緒に教えるべきである。もっと言えば、理念や思想を伝えるべきである。ただ単にアルバイト的に仕事をするのであればいいかも知れないが、プロとして育てようと思えば必須だと考える。

忙しい中、いちいち説明をするのが面倒だと感じる場合もあるが、この真のOJTを行うことが重要である。時として教える側も理解不十分なこともあり、教えることによって成長する効果もある。

また、教える場合、基本と例外をきちんと区別して教えるべきである。例えば、本来はA手法で行うべきであることを解説した上で、今は急ぎであるので、または、事情があって例外的にB手法で行うようにと説明することが大事。

そうでないと、初めて教わった人は例外手法を基本手法と勘違いして学習し、その後もずっと例外手法を疑問なしに基本手法として繰り返すこととなる。この気づかない勘違いは会社ではよく見かけること。

これも忙しい中、面倒だが本当に人材育成を考えるならば、丁寧な本来のOJTを心がけなくてはならない。

88

他人の成功例も参考になるが それよりも失敗例を聞く方が役に立つ 失敗には教訓が詰まっている 失敗を繰り返さないために極めて重要

人生は一本道。順調な道、曲がりくねった道、遠回り、余計な道草など色々な経験はしても所詮、ひと筆書の人生である。人は経験、知識によって判断をするので、この二つはできるだけ多い方がよい。

ところが、知識は読書や人の話を聞いて蓄積できるが、経験だけはそう簡単にいかない。そこで、他人の経験話を聞くことにより疑似体験することが重要だ。ただ単に他人の話を知識として受け止めるのではなく、自らの疑似体験として頭の中に収納することが大事である。

他人が体験した事例を聞き、自分のものとする。大変よいことである。会社においてこの種の事例紹介は、行われているが成功事例の場合が多い。成功事例は成功の背景や要因など、後々に役立つ教訓は多い。大いに参考にすべきである。ところが、成功事例の場合、素晴らしい経験話が多いので、意外と話として面白いのだが「貴方は運が良かった」とか「時代が良かった」とか割引かれて受け止められることが多い。そのため、自分の疑似体験として収納するのが難しい場合がある。

ところが、失敗事例の場合はこのようなことはなく、教訓が詰まっており疑似体験の面から望ましいと思う。失敗の教訓は、時代が変わっても担当が代わってもいつも通じるものがある。しかし案外、歴史を振り返ると過去の経験が活かされず同様の失敗を繰り返していることが多い。

先輩から「自分はこんな馬鹿な失敗をしたけど後輩達は繰り返さないよう注意を」と語ってもらうことにより、それを後輩達は疑似体験として役立たせることができるのである。

先輩たちはプライドや格好を捨て、素直な気持ちで紹介するよう務めてもらいたい。

89

語る力自己実現に重要である

政治家など演説の上手な人の話を聴いていると、説得力があり引き込まれてしまうことがある。

逆に、物すごく良い話をしていても、下手だと伝わらない。

言葉には力がある。人間組織で何かをしようとする場合、周囲の人々、関係者の理解を得ることが不可欠である。その場合、いかに相手の心に迫るかが大事である。これは相手が少なくても多くても同じである。

人は最後は熱意で動くものである。要は、皆に話を理解してもらった上でその気になってもらわないといけない。ただ話は分かった、良かっただけでは不十分であり、その後の行動につながらないといけない。ここが難しいところ。話を理解した相手に具体的に動いてもらわないと始らない。この、人を動かす力が語る力なのだ。

もちろん、語る側の理念、方向性、内容など、中身が基礎であることは当然のことである。いくら格好つけて良い話をしても、中身が貧弱では話にならない。しかし逆に、中身のある良い話であっても、それを単に論理的に説明しただけでは効果は薄い。

やはり、そこには語る側の情熱と熱意を乗せる必要がある。

我々サラリーマンは話すことを仕事にしているわけではなく、話術、話芸を生業としているわけではない。それは事実だが人間組織の中で改革を行う場合、自分の思いを実現しようと思えば語る力は重要である。

人それぞれ得意不得意もあるが、語る力の重要性を認識して、特にリーダーは努力すべきである。そして、どうしても苦手な場合には、周囲の者に語りの役割分担をすべきである。

語る力は、組織が大きくなればなるほど重要である。特に大きな組織を動かす場合は正しいことを言っているだけでは不十分である。

90

プレゼンは話す側の満足度でなく聴く側の満足度を考えるプレゼンは説明ではなく、考え方、想いの説得である

社会人にとってプレゼンテーションの機会は多い。プレゼンでは皆に話の内容を正確に理解してもらわないといけない。その理解度は話す人によって大きな差がでる。話す側としては何をどう話してと考えながら話す。自分なりに予定した通りの話を終えると「今日は良い話ができた」と満足感に浸るときもある。

しかし、話す側がどう感じたかは関係なく、あくまでも聴く側の満足感が問題だ。

どんなに良い話ができたと思っても、声が小さく後方の人に分かりにくかったのでは駄目である。会場の隅々の人が正しく理解できるかが問題だ。プレゼンでは、第一に参加者全員に話がちゃんと伝わることが必要だ。

どんなに良い話をしても聞き取れなければ駄目である。声が大きければ良いと言うわけではないが話のすべてが伝わらないといけない。次に参加者の理解度が問題となる。参加者に理解を得なければならない。自分が分かっていると、つい中間省略したり、前提説明が不十分な、ラフな話になったりすることがあるが、聴く側にとって分かりやすい親切丁寧な話し方が必要である。

そのためには、話の順番を考え、話のポイントを明確にし、具体例やエピソード、比喩的表現などを盛り込んだ工夫が必要である。もちろん、プレゼン資料もビジュアル化した分かりやすいものとする必要がある。さらに、その話に説得力が増すことが望ましい。話す側の考え方や想い、熱意も伝えることが望ましい。単なる説明ではなく、物語性をもった話とすることが期待される。

一定時間内に、メリハリのついた理解しやすく共感のもてる話を目指すべきである。

91

人は共感し自ら行動する

同じ仕事をするにしても嫌々やっていたのでは、良い成果は期待できない。普通の気持ちでやっていたのでは、それなりの成果しか期待できない。熱意をもってやれば良い成果が期待できる。

不思議なことだがその通りである。

これは子供の勉強と同じである。親がいくら「勉強しろ」と言っても、子供本人がその気にならないとダメである。親としての力量が問われるところである。

組織のリーダーも同様である。いかに皆に熱意をもって仕事をしてもらうかを常に考えなくてはいけない。そのための工夫、知恵が大事であるが、万能策はない。

組織のミッションやポジション、メンバーのレベル、個性、相性など、さまざまな要素を分析し、具体的アプローチを考えるべきである。それがリーダーの腕の見せどころである。

共通して言えるのは、仕事の目的や自分の考えをきちんと伝え理解してもらうことが重要であることだ。要するに、単に仕事のやり方だけを指示するのでは不十分である。

もちろん、時には詳しく話す事のできない秘密の部分もあるが、可能な限り背景説明を行い、相手に理解してもらうことが第一である。その理解によって共感し、自らの意志として行動することとなる。

何においても自発性が大事なのである。

その結果、期待以上の成果を生み出すこともある。他人にお願いして予想以上の結果が得られることは、素晴らしいことである。

この確率を高める秘訣が自発性である。

人間は「やらされ感」が最悪で、命令や指示で動かすのではなく、自らが共感し、自発的に行動してもらうのがベストである。

92

リーダーは公平でないといけない
誰にも平等
部下全員に声をかける

人間同士、好き嫌いはある。話しやすいタイプと話しにくいタイプがある。これは仕方ないことである。

部下についても自分の言うことをよく聞くとか、仕事がさばけるとか、自分にとって都合の良い相手には親しみを感じフランクに話す。その反面、何かにつけて文句を言って、もたもた要領の悪い部下には会話もきつくなる。馬が合う相手と苦手な相手では対応の仕方が変わる。

しかし、リーダーは部下に対しては極力、平等に接しなくてはならない。好感度の高いお気に入りの人とだけ話すのはよくない。苦手な人、たとえ内心は嫌だと思っている人にも平等に話すべきである。仮に嫌なタイプだと思ってもそれを相手だけでなく周囲の人にも気づかれないようにしなければならない。

なぜなら、上司、リーダーは組織のまとめ役だからである。特定の個人との関係では済まないからである。それぞれの部下と上司との関係は常に観察され、厳しいもの。従って、上司、リーダーは部下全員とほぼ等距離を保った平等な態度で接しなくてはならない。これは親しみを感じる部下に対しても同様である。

特定の部下と親し過ぎるとの感覚を周囲に与えてはいけない。周囲の見る目は多様で、驚くような見方をする人もいるのが現実である。

従って、皆に平等に、全員に話しかけることが重要だ。この話しかけは可能な限り毎日がよい。しかも一日二回、午前午後。なかには特段、話す話題がない人もいる。

私は各人と話すテーマを決めている。仕事に限らず、時候から野球、サッカーなどスポーツ、芸能、政治経済、家庭行事、子育て等々。何でもいいから部下全員に声をかける。

会話すること自体がよいのである。

93

人は命令では動かない 命令で行動しても それは一時的 真に本人が動くようにしなければ 組織としては長続きしない

会社において上司の指示は業務命令であり、従わなければならないが、指示の仕方により、その成果に大きな差異が生じると思う。欧米企業においてはトップダウンで仕事が進められ、すべて上司の命令で部下は動くと聞くが、海外勤務のない私には分からない。だからこれは日本の話である。

部下に仕事の指示を出す際、命令形の人と依頼形の人がいる。「これ、やってくれ」と言うか「これ、お願い」と言うか。どちらでも変わらないようだが、結構、仕事の質に影響する場合があると思う。従って、私は基本的に依頼形の指示を出す。

仕事だから命令されればやることはやるが、それでは良い仕事はできない。また、継続的な仕事の場合、命令形では一時的に従っても長続きしないことが多い。特に新しい仕事や改革を伴う仕事は、命令形は適さない。

人間は自発性が必要だ。頼まれ仕事であっても自分なりに納得し、本人の気持ちとして動くようにしなければ質の高い仕事は期待できない。私は部下に「やらせる」ではなく「やってもらう」というスタンスで臨むので当然、依頼形となる。そして、いつも部下に感謝しているのである。いろいろと注文を付けたりはするが、お願いして自分の不得意な部分を含め、代わりに部下にやってもらうのである。

だからお願いするときは、可能な範囲でその目的や背景なども話す。何しろ他人に自分の思いを理解してもらって代わりにやってもらうのだから、雑な頼み方はできない。いや、雑に頼めば期待する質の高い結果は得られないと思う。その結果に対しては、まず「ありがとう」感謝である。この気持ちが通じ、時には予想もしなかった、期待以上の結果を出してくれることもある。うれしい限りである。

94

単なる上司と部下ではなく、師匠と弟子の関係を目指す
師弟関係は永遠なり

仕事において、上司は部下を指導し部下の育成を図る努力をし、一方、部下は上司の指導を受けつつ上司の技を盗み取って成長する必要がある。皆、それなりの思いで上司と部下の関係は成り立っているが、私は単なる上司、部下の関係ではなく、師匠と弟子という師弟関係を理想としてサラリーマン生活を送ってきた。

師弟関係は職人や芸人などの世界では珍しいものではないが、サラリーマンでは違和感を覚える人も多いかも知れない。しかし私は、部下としても先輩を目標とし、師匠と思って指導を受けてきたし、多くの部下を持った後は彼らを弟子と

して仕上げようと思って指導してきた。

会社の中の人間関係が希薄となった現在、なかなか師弟関係を目指しての教育は難しい面もあるが、私の気持ちとしてはいつも変わらない思いで指導をしてきた。しかし、こちらはそう思っていても相手の気持ちは分からないが。

でも、相手がどう思おうと私の気持ちは変わったことはない。最近でも時々、一〇年以上前のかつての部下からの相談を受けたり、飲み会の誘いがあったりするが、私は師弟関係は永遠だと勝手に考えている。すなわち、上司と部下の関係は転属や退職で終結してしまうだろうが、師弟関係は変わりはない。

私は上司と部下との関係において、仕事のことだけを話していたのでは不十分だと思う。やはり、お互いの考え方を深く理解するためには仕事以外の日常的な会話が必須だと思う。幅広い会話の中から、お互いの考え方や行動パターンが理解できるようになると信じている。

仕事以外の余計な話はしないというのでは信頼関係も生まれないし、師弟関係とはほど遠いものとなる。

95

人間組織 20%の反対で潰されることもあり いかに反対意見を抑えるかがポイント

人間社会は不思議なものである。理屈通りに進まないことも多い。

例えば、学校の保護者会やマンション管理組合の会合などで、後から考えると変な決定がなされてしまうときがある。何でこんな決定になったのだろうと。皆、真面目に議論しているのだが、声の大きな人がちょっと変わった意見を主張し、それを聞いた、特に深く考えていない人が「そうだ、そうだ」と何人か同調すると、その変な意見で決定される場合がある。

また、あるリーダーが自分の施策について説明し、部下の協力を得ようとした場合、面倒で気乗りのしない誰かが「理屈は分かるけど忙しい今、どうしてやる必要があるの」と反対意見を主張し、そこに面倒だと感じる何人かが「そうだ、そうだ」

と同調するとリーダーの提案は実現しなくなる。

これらの場合、積極的に決定に関与しているのは、ごく一部の人間である。後から落ち着いて多数決を採ったら結論は変わると思われるが、多数決ではなくその場の雰囲気で決定されてしまう。この現象、人間心理を正しく理解しておくことが重要である。

物事の決定、特に重要決定に当たっては、賛同を集めることが大切であるが、いかに反対意見を抑えるかどうかも極めて重要である。

わたしは部署の重要決定に当たっては、声の大きそうな人をマークし、事前説明を施した後で「賛成しなくてもいいから反対はしないで欲しい」と根回しするようにしている。これは日頃からの信頼関係に比例する。

まあ、「本当はよく分からない（反対）が、彼がいうなら仕方ない。協力しよう」と思ってくれる人がどれ位いるか。自分の提案の実現率を上げるには、この人間心理の理解が重要である。

96

人間、最後は人間力ハートの勝負である

人間の能力はさまざまだが、一般的には学力重視の傾向が強い。高校、大学の受験戦争は続いているし、就職活動においても一流大学や学力優秀者は有利である。

当然、勉強はできた方がよいにこしたことはない。たくさんの知識があった方が便利だし、頭が良い方がよい。特に難しい研究には高度な学力は必須である。しかし、学生時代の学力も会社生活が長くなるにつれ、活かせる場面が限られてくる。

企業活動では学力の他、コミュニケーション能力、論理力、思考力、想像力、提案能力、解析力、プレゼン能力、等々のさまざまな能力が要求されてくる。また、気配りや配慮なども必要である。これらは学力と関連するものもあるが、ほとんどは大学では教えない能力ばかりである。

職種や業種にもよるが、専門的な知識や頭脳を活かした仕事をしていても、歳を重ね管理的立場になると幅広い能力が要求されることになる。

この能力は生まれ持ってのもの、子供時代からの家庭環境によるもの、会社生活で会得していくものである。

前者の二つは過去の問題であり、今さらどうにもならない。

このことを意識して、「頼りにされるとは」「人望とは」「リーダーシップとは」「一目置かれるとは」どういうことか、どうしたらそうなるのかを考えることが重要だ。

その人の経験、それに基づく人間性、見識、胆力など最後は人間力である。

その人間力を高める決定版はない。人それぞれ、そのことを意識して自分なりの工夫努力をするしかない。

あとがき

私は新しいことが好きだ。

世の中、変わっていいものと変わってはいけないものがある。それを理解した上で、変えてもいいものは少しでもいいから変えていく。あまり過去のものにこだわり過ぎない。いつも先の未来を見るようにしている。だから前向きなのである。

長年、知的財産の仕事をしてきた関係から「発明」という言葉が好きだ。知的財産としての「発明」は特許法で定義されるが、それとは別に新しいことすべてが「発明」である。「仕事のやり方を発明する」とか「営業の仕方を発明する」とか私は言う。

常に改善、改良を考える。この知恵の発揮は人間にしかできない喜びである。まさに創造的、クリエイティブな仕事である。長期間、何気なく繰り返していると思考が停止し、特に考えなくなりマンネリ化に陥る。

その結果、当然、成長は止まる。仕事のやりがいも薄れつまらなくなる。これでは働いていても面白くない。楽しくもない。

その一方、小さくても細かくても新たな考え、気づきに基づく改善、改良は好循環を生む。提案して採用になれば、自己実現の歓びと自己成長にもつながる。目先が変化し、マンネリ化にもならない。毎日の仕事が楽しくなる。

このように前向きに働けばいいことばかり。働く人の楽しさ歓び、さらに仕事の評価にも影響する。逆に会社にとっても質が高く、しかも能率的な成果が得られる。いいことずくめである。

世の中、皆が前向きな気持ちになれば、もっと明るい未来が訪れるであろうと信じている。

謝辞

常日頃より私の仕事のやり方に興味を示し、応援していただいている尊敬する先輩で、今回も本書の出版を勧め、発行の機会を提供してくれた株式会社アイピーパワーの鰐川千秋社長に感謝申し上げます。また、出版に当たりお世話いただいた三和書籍の高橋考社長並びに種々アドバイスをいただいた同社編集担当の藤吉孝二氏に感謝申し上げます。

【著者】
長谷川　治雄

人材育成・知的財産コンサルタント
クリエイティブ IP. 代表
日本合成化学工業㈱ 前取締役知的財産部長
日本知的財産協会 前副理事長・人材育成委員長

三菱化成工業（現三菱化学）入社 特許部配属
2005 年　日本合成化学工業㈱ 知的財産部長
2011 年　同社取締役に就任
入社以来、一貫して特許・知的財産業務に従事
常に創造性を発揮した業務展開を遂行
個々人のレベルアップ及び組織強化のための人材育成に注力

2008 年～ 2010 年　日本知的財産協会 人材育成委員長
2010 年～ 2012 年　同協会常務理事（人材育成委員会及び特許委員会担当）
2012 年～ 2014 年　同協会副理事長
2003 年から同協会研修会講師を毎年担当し人材育成に注力

連絡先　e - mail : cr-ip.hasegawa2015@flute.ocn.ne.jp

実践語録
創造的サラリーマン
気分を変えよう　疲れたときは寝るのが一番

2015 年 7 月 1 日　初版発行

著　者　長谷川　治雄
発行者　高 橋　考
発行所　三 和 書 籍
〒 112-0013 東京都文京区音羽 2-2-2
電話 03-5395-4630　FAX03-5395-4632
郵便振替 00180-3-38459
http://www.sanwa-co.com/
印刷・製本／モリモト印刷株式会社

乱丁、落丁本はお取替えいたします。定価はカバーに表示しています。
ISBN978-4-86251-182-9 C2034

本書の電子版（PDF 形式）は、Book Pub（ブックパブ）の下記 URL にてお買い求めいただけます。
http://bookpub.jp/books/bp/416